## DU MÊME AUTEUR

*Aux Éditions Gallimard*

LA SAGESSE DE L'AMOUR, 1984 ; rééd. « Folio essais », 1988

LA DÉFAITE DE LA PENSÉE, 1987 ; rééd. « Folio essais », 1989

LA MÉMOIRE VAINE. Du crime contre l'humanité, 1989 ; rééd. « Folio essais », 1992

LE MÉCONTEMPORAIN. Péguy, lecteur du monde moderne, 1991 ; rééd. « Folio », 1999

COMMENT PEUT-ON ÊTRE CROATE ?, 1992

L'INGRATITUDE. Conversation sur notre temps avec Antoine Robitaille, 1999 ; rééd. « Folio », *Postface d'Antoine Robitaille*, 2000

UNE VOIX VIENT DE L'AUTRE RIVE, 2000 ; rééd. « Folio », 2002

L'IMPARFAIT DU PRÉSENT. Pièces brèves, 2002 ; rééd. « Folio », 2003

AU NOM DE L'AUTRE. Réflexions sur l'antisémitisme qui vient, 2003

DISCOURS DE RÉCEPTION D'ALAIN FINKIELKRAUT À L'ACADÉMIE FRANÇAISE ET RÉPONSE DE PIERRE NORA, 2016

*Chez d'autres éditeurs*

LE NOUVEAU DÉSORDRE AMOUREUX, en collaboration avec Pascal Bruckner, *Seuil*, 1977

RALENTIR : MOTS-VALISES !, *Seuil*, 1979

AU COIN DE LA RUE, L'AVENTURE, en collaboration avec Pascal Bruckner, *Seuil*, 1979

LE JUIF IMAGINAIRE, *Seuil*, 1980

LE PETIT FICTIONNAIRE ILLUSTRÉ, *Seuil*, 1981 ; rééd. « Points », 2006

L'AVENIR D'UNE NÉGATION. Réflexion sur la question du génocide, *Seuil*, 1982

LA RÉPROBATION D'ISRAËL, *Denoël*, 1983

*Suite des œuvres d'Alain Finkielkraut en fin de volume*

À LA PREMIÈRE PERSONNE

ALAIN FINKIELKRAUT

*de l'Académie française*

# À LA PREMIÈRE PERSONNE

*nrf*

GALLIMARD

*à Milan Kundera*

# AVANT-PROPOS

Parce que, malgré mes efforts pour ralentir le galop du temps, j'avance irrémédiablement en âge et aussi, je l'avoue, parce que je souffre des épithètes inamicales parfois accolées à mon nom, le moment m'a semblé venu de faire le point et de retracer mon parcours sans faux-fuyant ni complaisance.

Il ne s'agit en aucune façon pour moi de rabattre la connaissance sur la confession et de défendre une vérité purement subjective. Je ne choisis pas, à l'heure des comptes, de me retrancher dans la forteresse imprenable de l'autobiographie. Je joue cartes sur table, je dis d'où je parle, mais je ne dis pas pour autant : « À chacun sa vision des choses. » Je ne me défausse pas, par une déclaration d'identité, de la réponse à la question de tous les dangers : « Qu'est-ce qui se passe ? » Rien ne me chagrinerait davantage que de contribuer à rendre ma réponse inoffensive en la psychologisant. Peu importent donc mes histoires, mes secrets, ma névrose, mon caractère ! Le vrai que je cherche encore et toujours est le vrai du réel ;

l'élucidation de l'être et des événements reste, à mes yeux, prioritaire. En dépit de la fatigue et du découragement qui parfois m'assaille, je poursuis obstinément cette quête. Je m'intéresse moins que ne m'affecte le monde. Cependant, comme l'a écrit Kierkegaard, « penser est une chose, exister dans ce qu'on pense est autre chose ». C'est cet autre chose que j'ai voulu mettre au clair en écrivant, une fois n'est pas coutume, à la première personne.

# I

# LE PATHÉTIQUE DE L'AMOUR

Au tout début, était le conformisme.

En mai 1968, comme la majorité de ceux qu'on commençait à appeler, avec une tendresse où perçait déjà la déférence, « les jeunes », j'ai été happé puis porté par la vague. J'ai défilé bruyamment, j'ai vaillamment contesté, j'ai couru à perdre haleine ; j'ai puisé, pour mes premières interventions, dans un lexique qui m'était encore étranger au mois d'avril ; je me suis mis, d'un seul coup comme tout le monde, à utiliser le mot « camarade », j'ai prêté allégeance à l'époque par ma rébellion même contre les diverses formes d'autorité, j'ai rejeté les modèles du monde ancien pour mieux imiter les gens de mon âge, j'ai rompu avec la tradition et pris le parti de l'insoumission bien au chaud dans la foule, et j'ai, sur ma lancée, poussé le zèle jusqu'à vouloir précéder le mouvement en militant, pendant quelques années, à la gauche du gauchisme. De là, je pouvais tancer les tièdes sans risquer de subir moi-même les foudres du surmoi révolutionnaire.

Mais j'avais beau parler la langue de bois comme si c'était ma langue maternelle et prendre mes quartiers dans la radicalité, je pouvais bien me griser de surenchères et rendre des verdicts sans appel, un malaise s'insinuait progressivement en moi. Ma subjectivité se fissurait sans crier gare. Mon dogmatisme prenait l'eau. Une autre éducation minait les certitudes que je croyais avoir acquises. L'idée qui m'enchantait d'une solution globale du problème humain était battue en brèche par la découverte naissante de ce que signifie concrètement être un homme parmi les hommes. J'arrivais de moins en moins à me reconnaître dans les mots d'ordre tranchants de ma tribu générationnelle. On célébrait la libération sexuelle, on affirmait sur un ton péremptoire que tout est politique. Ce « on » m'avait pris sous son aile. J'y puisais mon inspiration et je rongeais mon frein : le peu que je savais de la vie par mon expérience et mes lectures démentait silencieusement ses formules définitives.

Un jour vint cependant où, surmontant la peur adolescente de penser à contre-courant, je suis sorti de ce silence. C'était en 1974, j'avais vingt-cinq ans, j'ai écrit pour la revue *Critique* un article intitulé « Bêtises de Rousseau [1] ». J'y commentais notamment l'épisode des *Confessions* connu sous le nom d'*idylle aux cerises*. Au terme d'un pique-nique improvisé, le jeune Rousseau obtient, pour toute privauté, de baiser une seule fois la main de Mlle Galley. Pour les libertins qui tiennent alors le haut du pavé, ce délice furtif est bien peu de chose, c'est même un véritable fiasco.

Le balourd n'a pas su profiter de l'aubaine ! Honte à lui ! Rousseau entend ce jugement. Il connaît tous les articles de la nouvelle doxa. Il a dans l'oreille le ricanement des esprits forts et, au lieu de faire profil bas, il s'enorgueillit de sa gaucherie, il revendique la bêtise de ses premiers émois.

Sachant qu'un ridicule est beaucoup plus difficile à avouer qu'un vice flamboyant ou un grave péché, je rendais hommage à l'audace de Jean-Jacques et je l'admirais aussi d'opposer à la volupté estampillée non la vertu, mais une autre volupté qui, nous dit-il, vaut bien la première parce qu'elle n'est pas une course frénétique vers le dénouement final et qu'« elle agit continuellement ». Anachronique en son temps, Rousseau l'était aussi pour le nôtre qui dénonçait la répression sexuelle et qui, comme l'écrit Annie Ernaux, faisait de *peine-à-jouir* l'insulte capitale[2]. Je n'érigeais pas en modèle de conduite ce personnage si peu performant, mais je lui savais gré de me libérer d'une vision trop directive de la liberté et de la jouissance en renversant les hiérarchies admises dans l'ordre des plaisirs et en faisant si grand cas des petits riens. « Ne jamais céder sur son désir », disait-on sentencieusement autour de moi. « Ne rien céder au récit canonique du désir », rétorquait, par anticipation, Rousseau.

Cette critique d'Éros au nom d'Éros, je l'ai poursuivie et développée avec Pascal Bruckner et grâce à lui dans *Le Nouveau Désordre amoureux*. Je dis grâce à lui, car, sans Pascal, rencontré à l'été 1967 sous le signe de l'album des Beatles *Sgt. Pepper's Lonely Hearts Club Band*, et qui, dix ans plus tard, avait déjà à son actif deux romans et un essai sur Fourier dans la prestigieuse collection « Écrivains de toujours » au Seuil, je n'aurais peut-être jamais franchi le pas du livre. Avant notre collaboration, en effet, j'étais un bon élève. J'écrivais devant un jury de maîtres, je rendais, tout tremblant, ma copie à Barthes dont, avec Pascal, je suivais les cours à l'École pratique des hautes études, à Genette dont j'empruntais les concepts et, plus généralement, aux structuralistes qui régnaient sans partage sur les études littéraires. Pour avoir une bonne note, pour être reçu avec mention à cet examen imaginaire, j'ai donc truffé de mots savants mon éloge de la bêtise. Pascal m'a *décoincé*. Ce qui ne veut pas dire que j'ai acquis sa fluidité : à aucun moment je ne me suis senti l'heureux possesseur d'un don ou même d'un talent. Aujourd'hui comme hier, chaque ligne me coûte et je me console en répétant après Flaubert qu'« on n'arrive au style qu'avec un labeur atroce, avec une opiniâtreté fanatique et dévouée ». Mais au contact de mon ami, j'ai mis mon jury en vacances. J'ai même oublié les lecteurs. J'ai appris à écrire pour tout le monde et pour personne. Je ne cherche plus, depuis Pascal, à faire étalage de mon intelligence, je m'efforce de progresser dans l'intelligence des choses. Et je ne me risque pas tout seul sur ce chemin difficile. J'ai besoin de guides. À l'époque du *Nouveau Désordre amoureux*, il y avait Rousseau et il y avait surtout Levinas, ce philosophe à fleur de peau, que je venais, le cœur battant, de découvrir.

Quand tout le monde se prosternait devant le Sexe-Roi, j'étais reconnaissant à Rousseau de donner droit de cité à la volupté sentimentale. Mais Rousseau, comme ses contempteurs libertins puis libertaires, identifiait volupté et intensité. Levinas, qui était peu lu à l'époque et dont la gravité éthique masque aujourd'hui l'inspiration érotique, m'aidait à aller plus loin. La volupté, montre-t-il, n'est pas seulement intensité mais révélation. La connaissance dévoile, la volupté révèle. Et ce qu'elle révèle, c'est précisément ce que la connaissance recouvre, en l'assimilant ou en l'englobant : la transcendance de l'Autre. La caresse est une « marche à l'invisible[3] ». Elle cherche, elle fouille, mais elle ne saisit jamais rien. Elle sollicite « ce qui s'échappe sans cesse de sa forme[4] », lit-on dans *Totalité et infini*, cette inattendue Carte du Tendre. Levinas ose même définir le féminin comme un « mode d'être qui se dérobe à la lumière ». La pornographie peut bien reculer sans cesse les frontières de l'impudeur et scruter tous les recoins du corps de la femme, sa nudité n'est jamais entièrement offerte au regard. Elle s'offre et s'esquive, elle se donne et se soustrait tout à la fois : « Le découvert ne perd pas dans la découverte son mystère, le caché ne se dévoile pas, la nuit ne se disperse pas[5]. » Levinas ainsi renverse complètement la perspective : au lieu de voir dans l'amour une sublimation du désir, il montre ce qu'il y a déjà d'amour (c'est-à-dire d'expérience de l'altérité) dans l'étreinte charnelle.

À la date où il écrit, Levinas ne peut rien deviner de la percée théorique qu'allaient opérer les études de genre qui triomphent aujourd'hui dans toutes les universités du monde occidental. Il ignore, le malheureux, que la différence des sexes est une pure construction sociale, et qu'une fois les vieux stéréotypes réduits en poussière par le patient travail de la déconstruction, chacun pourra décider souverainement de son identité. Il n'est pas outillé mentalement pour penser comme il faut. Nous souffrons alors de la même infirmité. Nous partageons, toutes proportions gardées, sa façon de voir et de ressentir. Pour nous aussi, gros bêtas que nous sommes, l'homme et la femme, cela fait deux. Non qu'il y ait, dans notre esprit, un premier et un deuxième sexe : cette hiérarchie n'est pas la nôtre. Loin de nous rengorger de notre masculinité, nous en révélons le caractère dérisoire. Dans le sillage de Fourier, nous jugeons le progrès d'une civilisation à la place faite aux femmes, mais nous défendons avec la même fermeté l'idée que personne ne sera jamais en mesure de vivre à lui seul le tout de l'expérience humaine. Et nous nous lançons crânement le défi d'explorer la dissimilitude originelle : Adam et Ève sont des êtres de désir, mais ce ne sont pas des « machines désirantes » sorties du même atelier. Ainsi jusque dans la crudité de notre hommage à la jouissance féminine, *Le Nouveau Désordre amoureux* est un livre lévinassien. Nous décrivons le plus fidèlement, le plus concrètement possible, la merveille de la dissymétrie, l'inégalité des vertiges, le ravissement parfois douloureux par une présence qui ne se laisse pas saisir. Aussi possessif soit-il, l'amoureux fait l'épreuve de l'irréductible. La femme aimée ne lui appartient jamais, elle le fuit même au moment de l'extase. « Le pathétique de l'amour consiste dans une dualité insurmontable des êtres[6] », écrit Levinas. Et l'amour meurt quand la proximité s'apaise dans la fusion. La relation à l'Autre vaut mieux comme différence que comme unité : telle était alors pour nous, et telle est restée depuis, la grande leçon d'Éros. C'est le moment où nous cessons d'être rousseauistes. Nous ne rêvons plus d'une société où « chacun se voit et s'oublie dans les autres afin que tous en soient mieux unis[7] ». Nous retirons la caution de l'amour à cet idéal fusionnel dont mai 68 avait ranimé la flamme et qui faisait encore vibrer l'avant-garde militante de notre génération.

Nous n'en restons pas là. Habitant à deux pas l'un de l'autre, nous nous voyons tous les jours, nous parlons de nos vies, nous commentons nos lectures, nous partageons nos perplexités, nous réfléchissons sur le monde et, pensant mieux à deux que chacun de son côté, nous décidons de prolonger par une nouvelle collaboration cette amitié effervescente. Après avoir mis en question l'idée de progressisme pulsionnel et, plus généralement, la pertinence de la politique dans le domaine de l'affectivité, nous écrivons un « Requiem pour l'homme nouveau », *Au coin de la rue, l'aventure.* Les lampions de 68 s'éteignaient doucement, la Révolution n'était plus un objet de foi ou de désir comme on aimait dire quand on s'échinait à marier Marx avec Freud ; c'était un rêve révolu et, loin d'en porter le deuil, nous lui opposons les visitations de la grâce et du hasard au coin de la rue, c'est-à-dire au cœur de la banalité, dans les interstices de la vie la plus quotidienne.

# II

# L'INTERMINABLE QUESTION JUIVE

Après deux essais en tandem, j'ai pensé que je pouvais faire cavalier seul. Non pas que je sois devenu écrivain à mes propres yeux : je n'avais pas cette garantie, et après quarante et quelques années passées à combiner et à ruminer des phrases, l'inquiétude me taraude toujours. Je ne me suis jamais reconnu dans mon statut. Chaque fois qu'on me le rappelle, j'ai envie de rectifier et de dire : « Merci pour le compliment, mais il y a erreur sur la personne. Je ne suis pas, hélas, celui que vous croyez. » Ce n'est pas de la fausse modestie, on peut m'en croire. Le médecin, l'avocat, l'architecte, le jardinier, l'ébéniste, le pilote de ligne ont un savoir-faire. Leur compétence se perfectionne par l'expérience. Ils connaissent de mieux en mieux leur métier. J'ai le sentiment, pour ma part, d'inventer chaque matin le mien : au moment de m'y mettre, je ne peux me reposer sur aucune définition positive. J'ai certes plusieurs livres à mon actif. Mais ce je là est un autre. Mon passé ne me constitue pas, il me toise. Je suis un panier percé. Rien ne me remplit d'être, rien ne me protège, rien ne me rassure, rien ne vient combler le néant qu'aujourd'hui je suis.

En écrivant *Le Juif imaginaire*, je n'ai donc pas obéi à une vocation irrépressible. J'ai voulu, comme dans *Le Nouveau Désordre amoureux*, trouver les mots justes pour une manière d'être au monde que le discours de l'époque ne prenait pas en compte. Dans *Réflexions sur la question juive*, le livre qui avait illuminé mon adolescence, Sartre oppose le Juif *authentique* déclarant son identité « dans la fierté ou l'humiliation, parfois dans l'horreur et la haine[1] », au Juif *inauthentique* qui veut, à tout prix, se fondre dans la masse, se rendre indiscernable, être comme tout le monde. Le premier s'affiche, le second se fuit et se nie. J'aimais cette claire dichotomie parce qu'elle me persuadait que j'avais fait le choix du courage. Plutôt paria que parvenu : tel était mon choix originel. « Je ne me cache pas, je me fâche », avais-je même inscrit sur mon blason. Car, au lieu d'attendre, les bras croisés, que les autres me désignent comme juif, je devançais l'appel, j'allais plus loin que le simple refus de trahir mes aïeux en effaçant la marque compromettante, je me proposais de les venger en rendant coup pour coup.

Les coups cependant tardaient à venir et j'ai pris peu à peu conscience de la part de comédie qu'il y avait dans mon indomptable authenticité. Tandis que Sartre m'applaudissait de jouer franc-jeu et de prendre l'adversité par les cornes, une petite voix ironique en moi commençait de se faire entendre : « Tricheur ! murmurait-elle. En croyant assumer ton être tu fais ton cinéma, tu te payes de mots, tu t'appropries pour pimenter ta vie de tous les jours une tragédie qui n'est plus la tienne. Tu prétends à la vérité et tu vis dans le mensonge. Tu te drapes dans la persécution et rien n'altère la tranquillité de ton existence. Tu as beau revendiquer ta part de souffrance, tu te la coules douce. Il faut te rendre, une fois pour toutes, à l'évidence : le confort est ton destin. La mémoire qui t'ordonne de ne pas flancher et d'affronter la menace te protège, fort heureusement pour toi, du cauchemar dont tu rêves. Tu veux en découdre avec les antisémites. Mais réveille-toi : il n'y en a plus ou presque plus car Hitler, selon le mot effrayant et profond de Bernanos, "a déshonoré l'antisémitisme". Tu as le sentiment, en brandissant ta judéité comme un étendard, de t'inscrire dans un glorieux martyrologe alors même que le traumatisme de la catastrophe te met à l'abri de toute rencontre fâcheuse. Proscrit, toi ? Non : pépère. Mal aimé ? Non : mégalomane. Plus tu te veux authentique et plus l'adjectif "histrionique" s'applique à ton comportement. »

Ce cabotinage identitaire, cette mauvaise foi pleine de bonnes intentions, je les partageais avec la majorité des Juifs nés après Auschwitz. Et ce qui m'a décidé à vendre la mèche, ce sont les paroles rageuses et railleuses prêtées à l'écrivain débutant Nathan Zuckerman par Philip Roth, l'un des quelques auteurs dont les livres ne restent jamais longtemps sur l'étagère car la vie m'y ramène sans cesse : « Si on veut voir des Juifs de Newark subir des violences physiques, il faut aller au cabinet de chirurgie esthétique où les filles se font refaire le nez. C'est là que le sang juif coule dans le comté d'Essex[2]... »

J'ai toujours su, bien sûr, que mes parents n'étaient pas éternels. Mais, pendant mes années d'apprentissage, ce savoir restait abstrait. Il ne m'affectait pas. J'avais d'autres chats à fouetter. Et puis le temps a fait son œuvre. À la date où, lisant pour la première fois *L'Écrivain fantôme*, je suis tombé sur la diatribe de Zuckerman et l'ai retournée contre ma propre pantomime, l'abstraction avait pris corps. Il m'apparaissait clairement et douloureusement, en les voyant vieillir, que les miraculés qui m'avaient mis au monde allaient emporter dans la tombe, avec leur accent et leur manière d'être, l'épreuve innommable à laquelle ils avaient survécu. Le temps des rescapés était compté et nul, pas même leurs enfants, ne pouvait occuper leur place. Entre le déporté et le fils de déporté, l'abîme est infranchissable. On ne porte pas le pyjama rayé ni l'étoile jaune de génération en génération. Le témoin ne passe pas le témoin, il laisse un vide. Voilà ce que j'ai compris et ma posture, à la lumière de la mort annoncée des miens, m'est apparue comme sacrilège.

Mon père et ma mère ne vivaient plus sous le regard de personne. Leurs parents ayant été engloutis, ils n'avaient pas eu le cœur de renouer le fil déjà ténu pour eux de la tradition. Aussi me transmettaient-ils, en guise d'héritage, un malheur dont je ne pouvais pas hériter. J'avais longtemps pensé m'en tirer par l'identification. Cela ne fonctionnait plus. Le fantasme soudain me remplissait de honte : je m'étais moi-même percé à jour. Et je m'en voulais d'avoir été le bénéficiaire consentant de la stupeur révérencieuse qui s'imprimait sur le visage de mes interlocuteurs quand je leur apprenais que mon père était un survivant d'Auschwitz. Fini la mascarade, assez de simagrées : il m'incombait désormais d'être fidèle sans monter sur scène pour témoigner de ma fidélité. Ai-je tenu ma promesse ? À la lecture des *Disparus*, livre paru en 2007, je me suis rendu compte que la réponse était non et que la démystification du Juif imaginaire ne m'avait pas rendu aussi attentif que j'aurais dû l'être. Cette enquête méticuleuse et pieuse de Daniel Mendelsohn sur les morts sans sépulture de sa famille (six parmi six millions) m'a renvoyé à ma propre négligence. Mes parents ne se sont jamais murés dans le silence, ils me parlaient très naturellement, avec émotion et sans pathos, de ce qu'ils avaient vécu. Mais même quand j'ai cessé de me prévaloir de leur calvaire, je ne les ai pas harcelés de questions, je n'ai pas pris de notes, je n'ai pas fait leur siège. Je sais, mais pas assez précisément, comment sont morts les parents de ma mère, son frère, sa sœur aînée et son neveu qu'elle aimait tant. Je n'ai pas demandé à mon père un compte rendu heure par heure de son voyage vers Auschwitz-Birkenau ni de ses journées dans le camp. Je n'étais pas suffisamment avide de détails. J'étais trop absorbé par les hauts et les bas de la vie quotidienne pour l'interroger encore et encore. Le train-train familial, en outre, émoussait ma curiosité.

J'ai gardé en mémoire des anecdotes précieuses sur lui et sur les siens, bien sûr, mais j'ignore beaucoup de choses. Avec tous les chats à fouetter qui se présentaient en permanence, je suis peut-être passé à côté de l'essentiel. Et maintenant il est trop tard. Je ne remplirai jamais les blancs de mon histoire familiale.

Après être passé aux aveux, je croyais pouvoir et devoir passer à autre chose. À quoi ? Je ne savais pas. J'étais perplexe. Je tâtonnais. Je m'interrogeais. Je cherchais anxieusement un sujet. Mais ce dont j'étais absolument sûr, c'est d'avoir dit ce que j'avais à dire sur la question juive. Je me trompais. Si j'en avais fini avec elle, cette question n'en avait pas fini avec moi. Elle m'attendait au coin de la rue et sous une forme qui déjouait tous mes fantasmes d'aventure.

Quelques jours seulement après la sortie du *Juif imaginaire*, une main anonyme m'a tendu un tract. Je m'apprêtais à ne pas le lire quand cette « information » m'a sauté au visage : les chambres à gaz n'ont jamais existé. Alors j'ai lu le texte qui m'était présenté, *Notre Royaume est une prison* : « Dans la pensée politique contemporaine, le fascisme joue, avant toute autre idéologie, le rôle du diable. L'univers concentrationnaire fournit un enfer des plus convenables. L'idéologie antifasciste se propose de sauver la démocratie par tous les moyens face au fascisme et aux dictatures qui lui sont plus ou moins assimilées. Mais, en vérité, cette idéologie est d'abord le moyen de noyer les perspectives propres du prolétariat et d'intégrer cette classe dans la défense du monde capitaliste[3]. »

Ce tract n'était pas une éructation, c'était une démonstration. Il ne hurlait pas « Mort aux Juifs ! », il ne comportait aucun point d'exclamation, il disait calmement, sans élever la voix, que les Juifs n'étaient pas morts comme on avait voulu le faire croire. Ses rédacteurs, de surcroît, n'éprouvaient aucune nostalgie pour le III^e^ Reich. Ils aimaient le drapeau rouge, non la croix gammée. Ils n'appartenaient pas à l'extrême droite mais à l'ultra-gauche. J'étais désemparé. Mes repères vacillaient. J'avais imaginé mille fois ma rencontre avec l'Ennemi, mais celui qui surgissait devant moi et traitait avec le plus grand flegme mon père de bonimenteur n'avait ni la tête ni la langue de l'emploi. Qu'est-ce que cela voulait dire ? Il me fallait absolument comprendre.

Péguy, que je découvrais alors, m'a apporté la lumière. Ce dreyfusard, en effet, s'était battu sur deux fronts : contre l'aversion des nationalistes pour les Juifs et contre l'aversion des socialistes purs et durs pour les événements inclassables. Tandis que Barrès s'attardait sur le « nez ethnique » du capitaine dégradé et que Léon Daudet le décrivait comme une « épave du ghetto[4] », Wilhelm Liebknecht, le fondateur, avec August Bebel, du parti ouvrier social-démocrate allemand, posait la question : « Est-il vraisemblable, est-il admissible, qu'un officier français, dont la famille et les parents sont très influents, puisse être condamné pour un crime de haute trahison qu'il n'a pas commis et demeurer sous les verrous cinq années durant ? » Fort de sa connaissance des lois de l'histoire, il répondait bien évidemment par la négative. Pour lui, il n'y avait aucun doute : la bourgeoisie réserve à ses ennemis le déni de justice et les coups tordus ; aux siens, elle ne fait que du bien. Liebknecht, autrement dit, ne reprochait rien de particulier aux Juifs. Il ne leur voulait pas de mal en tant que tels. Ce n'était pas la haine qui dictait sa position, c'était la logique. Jules Guesde, son homologue français, refusait, pour sa part, de voir les socialistes délaisser leur propre combat et faire cause commune avec les exploiteurs.

Les militants de l'ultra-gauche n'étaient pas chus d'un désastre obscur. Ils s'inscrivaient dans la lignée de cet antidreyfusisme. Nulle passion antisémite chez eux mais une allégeance fanatique au principe de raison. Hegel avait proclamé que la raison se réalisait dans l'histoire et Marx que la lutte de classes était le moteur de cette histoire. Que faire alors de l'entreprise nazie d'extermination ? Cet événement défiait l'entendement. Que la classe dominante réduise en esclavage une partie des siens, c'était déjà difficile à avaler. Mais qu'au lieu de les exploiter, elle choisisse, en pleine guerre, de les mettre à mort, cela n'avait aucun sens. L'apparition de Robert Faurisson sur la scène publique fut, pour les fous de la raison, une divine surprise. Après s'être fait les griffes sur Rimbaud et sur Lautréamont, ce professeur de Lettres s'attaquait maintenant au « mythe » des chambres à gaz. Il montrait, preuves à l'appui, que « jamais Hitler n'a ordonné ni admis que quiconque fût tué en raison de sa race ou de sa religion ». Il ne procédait pas par déduction, il induisait d'une longue et minutieuse enquête que le génocide juif était le « fruit d'une imagination enfiévrée par la propagande ». Aucun *a priori* dans sa présentation des choses, mais l'*a posteriori* de ce qu'on appelle aujourd'hui le *fact-checking*. Il n'affirmait pas, il vérifiait. Il examinait, ligne à ligne, les récits et les témoignages et il validait, après recherches, la conclusion des logiciens. Son travail de détective renvoyait l'invraisemblable dans les limbes de l'inadvenu. Grâce à sa lecture acharnée des documents, l'histoire rentrait dans son lit. La convulsion se réconciliait avec le concept. L'absurdité était conjurée, la violence à nouveau faisait sens. Et, comme au temps de l'Affaire, la déploration du malheur juif remplissait une fonction bien précise : détourner les masses, par la mobilisation générale contre un mal fictif, du mal effectif de l'exploitation. « L'épouvantail de l'arbitraire fasciste n'a pas d'autre but que de faire passer l'arbitraire "démocrate". On nous ressort Auschwitz pour mieux cacher que c'est toute cette société qui est devenue un camp de concentration », lisait-on dans un autre tract signé LA BOÎTE DES PANDORES[5].

Les penseurs de la guerre sociale savaient donc gré à l'archiviste tatillon d'avoir crevé l'écran derrière lequel le capitalisme dissimulait ses forfaits. « Les chambres à gaz sont une fable, les Juifs n'y sont pas morts » : cet impassible constat qui, je le répète, surpasse en violence les cris de haine et les appels au meurtre, est né de la rencontre entre l'orgueil de la démystification et le « luttisme » de classe. Et ce qui l'a nourri depuis lors, ce qui a fait son succès, ce qui l'a rendu à la fois attractif et plausible bien au-delà du cercle des idéologues de l'ultra-gauche, c'est la détestation d'Israël. Peu importe, en effet, le témoignage des survivants. Au diable mon père, Ruth Klüger, Imre Kertész et Primo Levi ! La destruction des Juifs profite trop à l'État juif pour n'être pas suspecte. Israël spolie les Palestiniens, or Israël tire sa légitimité de la Shoah. Donc la Shoah est un mensonge planétaire. Voilà l'impeccable syllogisme qui a mondialisé la négation. Élaborée par un anticapitalisme radical, cette alter-histoire s'est épanouie dans la radicalité de l'antisionisme.

Mondialisation ne veut pas dire succès mondial. Une alliance semblait pouvoir se nouer entre les déconstructeurs qui ne laissent aucune vérité debout et les doctrinaires qui traquent sans relâche la vérité cachée derrière le discours du pouvoir. Mais le pire, cette fois, ne s'est pas produit. La confrontation des prétendus « révisionnistes » avec l'« exterminationnisme » officiel n'a pas eu lieu. Malgré la forte séduction exercée sur la pensée critique par la formule de Nietzsche : « Il n'y a pas de faits, il n'y a que des interprétations », le partage du vrai et du faux a tenu bon. Malgré le poids dans la balance du grand linguiste Noam Chomsky, les historiens ont refusé de cautionner l'atteinte à la matière factuelle qui leur était présentée au nom du « droit à la libre expression des idées, des conclusions et des croyances[6] ». Ils ne sont pas tombés dans le panneau du débat. Et, le 27 décembre 2008, soit quarante ans presque jour pour jour après la publication par *Le Monde* d'une tribune intitulée « Le problème des chambres à gaz et la rumeur d'Auschwitz », le professeur Faurisson a reçu le prix de l'Infréquentabilité et de l'Insolence des mains de l'humoriste Dieudonné sur la scène du Zénith à Paris. Ce qui, à des intellectuels et des journalistes toujours avides de voir vaciller les certitudes les mieux établies, était apparu, dans ses commencements, comme une entreprise iconoclaste s'achève en farce lamentable. Le « nouveau Galilée » en butte à la persécution de la justice a fini sa vie dans la peau d'un comparse du clown et le clown lui-même est aujourd'hui discrédité en dépit de la place toujours plus éminente qu'occupent les amuseurs dans la civilisation du spectacle.

On aurait tort cependant de crier victoire. Le négationnisme n'est pas mort. Sur Internet où tout est permis, et où chacun peut aller pêcher, en guise de vérité, le mensonge qui comble son attente, il offre un exutoire à la lassitude et à l'exaspération provoquées dans une petite partie de l'opinion par l'insistante centralité de la Shoah, il prospère en terre d'islam, il s'insinue même dans les discours du successeur modéré de Yasser Arafat à la tête de l'Autorité palestinienne et, surtout, il n'est qu'une modalité parmi d'autres d'un phénomène de très grande ampleur : *le retournement de la Shoah contre les Juifs*. Il y a ceux qui prétendent que les sionistes ont forgé la fiction du génocide sans équivalent ni précédent pour escroquer le monde et le faire chanter jusqu'à la fin des temps. Il y a ceux qui ne contestent pas la réalité de l'événement mais qui s'indignent de le voir servir de blanc-seing aux conquêtes d'Israël et à ses crimes : Norman Finkelstein dénonce avec fracas l'exploitation de la souffrance des Juifs par l'« industrie de l'Holocauste » et Tzvetan Todorov, plus suavement, l'« abus de mémoire » qui, au nom d'une injustice passée, ouvre aux Juifs dans le présent une « ligne de crédit inépuisable ». Il y a Jean-Luc Godard, cinéaste universellement adulé pour ses films et, plus encore, pour ses oracles qui, en une seule phrase, réussit à pulvériser le record du monde de l'obscénité établi par Faurisson et que l'on croyait hors d'atteinte : « Les attentats-suicides des Palestiniens, pour parvenir à faire exister un État palestinien, ressemblent, en fin de compte, à ce que firent les Juifs, en se laissant conduire comme des moutons et exterminer dans les chambres à gaz, se sacrifiant ainsi pour parvenir à faire exister l'État d'Israël[7]. » Il y a ceux enfin qui nazifient, sans autre forme de procès, la politique israélienne : « À Auschwitz, à Mauthausen, à Sabra, à Chatila et à Gaza, le nazisme et le sionisme se donnent la main[8] », écrit le romancier chilien Luis Sepúlveda. Et le Prix Nobel de littérature portugais José Saramago : « Le peuple juif n'est plus digne de compassion pour les souffrances qu'il a endurées pendant l'Holocauste car il inflige aux Palestiniens des souffrances de même nature que l'Holocauste[9]. » Et ces souffrances ne doivent pas rester impunies. C'est avec le soutien sans faille des universitaires et des intellectuels français situés, comme ils le proclament fièrement, à la gauche de la gauche, que Houria Bouteldja, la porte-parole des soi-disant Indigènes de la République, accuse Sartre d'avoir choisi le camp des assassins parce qu'il s'est refusé à compléter sa préface aux *Damnés de la Terre* en écrivant : « Abattre un Israélien, c'est faire d'une pierre deux coups, supprimer en même temps un oppresseur et un opprimé : restent un homme mort et un homme libre[10]. »

*Invention* de la Shoah, *instrumentalisation* de la Shoah, *réédition* de la Shoah : tels sont les trois griefs par lesquels la haine se rappelle au bon souvenir du Juif imaginaire. Et cette haine l'affecte d'autant plus qu'elle ne le vise pas comme Autre, mais comme bourreau de l'Autre. Elle a inversé les rôles. Il se rêvait persécuté, elle l'identifie aux persécuteurs des siens et elle défend l'unité du genre humain que l'État dont il est le complice piétine en théorie et en pratique depuis sa naissance. Rien n'est plus désespérant que cette collusion du rappel d'Auschwitz et de la négation d'Auschwitz. « Sale Juif ! », c'était moralement ignoble. « Sale raciste ! », c'est *ignoblement moral*. Le Mal parlant maintenant la langue du Bien, il se propage à toute vitesse sans qu'on puisse même lui faire honte.

« Si le destin a décrété que nous étions juifs, alors soyons-le[11] » ont dit, avec Aharon Appelfeld, les Juifs, même les plus assimilés, quand ils furent frappés par l'antisémitisme. Et, jusque dans l'hystérie, leurs descendants ont voulu obéir à la même « voix prescriptive ». Mais qui dira jamais : « Si le destin a décrété que nous étions racistes, alors soyons-le » ? Les Juifs visés par l'antiracisme ne peuvent ramasser l'offense dans le ruisseau et la revêtir comme une couronne. Ils sont voués, par l'adjectif inassumable, à l'indignité.

Que faire, quand on doit répondre de ce nouveau péché mortel, sinon ruer dans les brancards et dénoncer, sans se laisser intimider, l'égarement calamiteux de la vertu ? Mais la protestation ne suffit pas. Encore une fois, il me faut comprendre et remonter, pour cela, plus loin dans la mémoire que le devoir de mémoire. Dès qu'on creuse un peu, en effet, la nouveauté s'évapore. Les antiracistes qui jettent leur dévolu sur Israël renouent, en croyant parler politique, avec un très vieil anathème : la malédiction du *Juif charnel* confiné dans son égoïsme tribal. Ils pensent explicitement à la ghettoïsation des Juifs pendant la Seconde Guerre mondiale quand ils s'insurgent contre la barrière de sécurité qui, depuis la deuxième Intifada, isole les Israéliens des Palestiniens, mais c'est un autre mur qui les hante et qu'ils surimposent à cette barrière : le mur d'inimitié que le Christ est venu détruire « en abolissant la loi des commandements décrétés[12] ». L'actualité sur la terre de la Bible ranime chez ces incroyants des représentations endormies et Marcion s'invite, avec eux, parmi nous. Cet évêque du IIe siècle a fondé sa propre Église sur l'opposition entre le Dieu vindicatif et jaloux de l'Ancien Testament et le Dieu d'amour de la Nouvelle

Alliance. Il affirmait notamment dans les Antithèses qu'il avait déduites des Épîtres de saint Paul : « Le Christ des Juifs est destiné exclusivement par le Créateur du monde à rassembler le peuple des Juifs dispersés ; mais notre Christ est chargé par le Dieu bon de la libération du genre humain. » Et ceci encore : « Josué a conquis la terre avec violence et cruauté ; mais le Christ interdit toute violence et prêche la miséricorde et la paix[13]. »

Marcion est de retour. Ses descendants occupent la scène et ferment, en réactivant sa colère contre l'Ancienne Alliance, la courte parenthèse raciste de la longue histoire de l'antijudaïsme. Résolument universalistes, ils fustigent la décision juive de fonder l'État sur l'ethnie quand l'heure a sonné pour toutes les démocraties de se convertir à la religion de l'Humanité. Ils n'ont pas d'autre credo que l'égale dignité des personnes et ils dénoncent, en son nom, la préférence pour soi affichée sans vergogne par le peuple d'Israël. Reste que si leur animosité est palpable et leurs paroles incendiaires, c'est un feu métaphorique et ce ne sont encore que des paroles. Ils se gardent, pour le moment, de passer à l'acte. Ils se contentent d'excuser, voire de justifier ceux qui le font. L'hostilité d'une « grande partie de la jeunesse française noire et arabe envers les Juifs » n'a rien à voir avec l'antisémitisme historique ni avec les préceptes du Coran ou avec la situation faite aux gens du Livre en terre d'Islam, écrivent, par exemple, le philosophe Alain Badiou et l'éditeur Éric Hazan.

Elle est « fondamentalement liée à ce qui se passe en Palestine ». Ces jeunes « savent que là-bas, des Israéliens juifs oppriment les Palestiniens, qu'ils considèrent, pour des raisons historiques évidentes, comme leurs frères[14] ». Sous l'effet de cette fraternité fiévreuse, des adolescents portant la kippa sont agressés en pleine rue, des cités entières se vident de leurs habitants juifs et les synagogues, les écoles, les centres culturels juifs sont désormais des forteresses munies de caméras de surveillance et protégées par des soldats en armes.

Il va sans dire et encore mieux en le disant que tous les immigrés et leurs enfants ne sont pas impliqués dans ces violences et ces menaces, mais Badiou et Hazan ont raison : leurs auteurs sont très majoritairement originaires du Maghreb, d'Afrique subsaharienne ou du Moyen-Orient. Comme rien ne semble pouvoir arrêter le flux migratoire, la situation va inévitablement empirer avec la bénédiction des partisans de l'hospitalité inconditionnelle. Ceux-ci croient voir revenir les années trente du XX^e^ siècle et veulent agir en conséquence. C'est adossés au souvenir de la politique d'exclusion menée jusqu'à son terme exterminateur par le III^e^ Reich qu'ils préconisent l'ouverture des frontières. En avril 2015, après le naufrage d'un bateau de migrants, la parlementaire suédoise Cecilia Wikström a établi un parallèle entre la situation actuelle des réfugiés et l'Holocauste. « Je pense, a-t-elle écrit, que mes enfants et mes petits-enfants se demanderont pourquoi on n'en a pas fait davantage pour aider les populations à échapper à Daech, à la violence en Érythrée ou à d'autres zones de conflits alors que nous savions que les gens y mouraient par milliers. Les générations futures nous poseront les mêmes questions que celle qui a été posée après la guerre : "Si vous saviez, pourquoi n'avez-vous rien fait[15] ?" » L'interpellation de Cecilia Wikström n'est pas restée lettre morte : la Suède a fait ce qu'il fallait pour réparer ses torts, la rédemption a eu lieu, et, tandis que la nouvelle génération se regardait admirativement dans la glace, Malmö – troisième ville suédoise – devenait *judenrein*. Loin d'être une prévention efficace contre la résurgence du pire, la dénonciation solennelle de l'antisémitisme d'hier et la volonté d'en tirer les leçons pavent la voie à l'antisémitisme qui vient. Ce paradoxe est la preuve irréfutable de l'existence du diable.

Dur réveil, en tout cas, pour celui qui, après avoir joué la comédie de la tragédie, avait arrêté son numéro et se félicitait de sa sobriété reconquise : l'obsession d'Adolf Hitler met les Juifs en grand péril. Par une terrible ironie, la hantise des sombres temps risque de leur être fatale. Ils ne sont pas les protégés mais les premières cibles du devoir de mémoire. L'oubli alors serait-il le remède ? Jamais de la vie. « Comment, en effet, accepter de ne pas connaître ? Nous lisons des livres sur Auschwitz. Le vœu de tous, là-bas, le dernier vœu : sachez ce qui s'est passé, n'oubliez pas et, en même temps, jamais vous ne saurez[16]. » Pas question d'oublier donc. Aussi informés que nous soyons, chaque nouveau détail nous déconcerte et nous laisse sans voix. Ce qu'il faut, c'est *démarcioniser* la mémoire en refusant de ranger Israël sous la bannière raciste, voire nazie. Et il y a du travail car l'analogie fait rage. J'ai cité Sepúlveda et Saramago. Voici, en vrac, quelques autres exemples : en 1983, dans un article intitulé « Grandeur de Yasser Arafat », Gilles Deleuze, l'un de nos plus grands philosophes, dressait cet implacable réquisitoire : « Les conquérants étaient de ceux qui avaient subi eux-mêmes le plus grand génocide de l'Histoire. De ce génocide, les sionistes avaient fait un mal absolu. Mais transformer le plus grand génocide de l'Histoire en mal absolu, c'est une vision religieuse et mystique, ce n'est pas une vision historique. Elle n'arrête pas le mal ; au contraire, elle le propage, elle le fait retomber sur d'autres innocents, elle exige une réparation qui fait subir à ces autres une partie de ce que les Juifs ont subi (l'expulsion, la mise en ghetto, la disparition comme peuple). Avec des moyens plus "froids" que le génocide, on veut aboutir au même résultat[17]. » En 2002, la juriste Monique Chemillier-Gendreau écrivait : « Camper sur l'idée d'un État juif, c'est poursuivre l'édification d'une société d'apartheid et c'est accepter au nom de la réciprocité que partout de par le monde se construisent ainsi des États purs, cette folie qui côtoie toujours l'extermination et parfois la met en œuvre[18]. » En 2003, l'historien anglais Tony Judt dénonçait l'« anachronisme » d'un État qui utilise des critères ethnico-religieux pour désigner et classer ses citoyens dans un monde où les nations et les hommes se mélangent de plus en plus. En 2004, la romancière et essayiste française Danièle Sallenave affirme, dans un livre effarant, que la lutte contre l'antisémitisme et le communautarisme arabo-musulman est le « masque du soutien inconditionnel d'Israël », cet État furieux qui, non content de martyriser les Palestiniens, pratique, en bonne logique charnelle, le trafic d'organes avec la Moldavie et livre, chaque année, à la prostitution des centaines de femmes et d'adolescentes originaires de l'ex-Union soviétique[19]. En 2006, deux éminents universitaires américains, John J. Mearsheimer et Stephen M. Walt, plaidaient pour que leur pays se détachât d'Israël car cette alliance était selon eux contre-productive et surtout *contre-nature* : « Certains aspects de la démocratie israélienne sont en contradiction flagrante avec les valeurs américaines cardinales. Les États-Unis sont une démocratie libérale dans laquelle chacun, quelles que soient sa race, sa religion ou son origine ethnique, est censé jouir des mêmes droits. Même si les citoyens israéliens sont d'origines très différentes, y compris arabes, musulmans, chrétiens ou autres, Israël a été explicitement conçu comme un État juif, et l'identité juive d'un citoyen israélien est généralement définie par la filiation[20]. » En 2008, dans un gros ouvrage intitulé *La Violence monothéiste*, l'ancien diplomate et agrégé des lettres Jean Soler poussait l'incrimination plus loin encore. Ce ne sont pas, selon ce lecteur minutieux des Écritures, les sionistes qui se comportent comme des nazis, ce sont les nazis qui, avant les sionistes, ont agi en disciples zélés de la Bible juive. Avec la solution finale, écrit Soler, « Hitler s'était résolu à appliquer les principes qu'il préconisait dans *Mein Kampf* pour la politique national-socialiste : aucun compromis, pas de demi-mesure. Il a voulu anéantir en une seule fois, une fois pour toutes, tous les Juifs d'Europe. C'était la logique du Tout ou Rien. L'idéologie de Jéricho[21]. » Jéricho, rappelons-le, est la ville conquise par Josué « avec violence et cruauté ». Pour infliger aux Palestiniens « des souffrances de même nature que l'Holocauste », les Juifs n'ont donc pas eu besoin d'imiter leurs persécuteurs. Ils avaient tout en magasin. C'étaient, à l'inverse, leurs persécuteurs qui avaient copié sur eux. On doit à l'Ancien Testament, en effet, l'invention du racisme, et qu'est-ce que la destruction des Cananéens sinon le modèle sur lequel se sont calquées toutes les entreprises génocidaires ? Hitler ne le savait pas, mais il était l'émule de Moïse. Juif raciste, ce pléonasme.

Les écrivains et les intellectuels que je viens d'énumérer lisent l'histoire du XX^e^ siècle avec les yeux de Marcion. Et ils ne sont pas les seuls. De Louis Sala-Molins[22], auteur d'une édition critique du *Code noir* qui a fait date, à Gianni Vattimo, le philosophe du *Pensiero debole*[23], je pourrais en citer beaucoup d'autres. L'existence d'Israël a donné un sacré *coup de jeune* aux Antithèses de l'évêque excommunié. Extraordinaire chassé-croisé : au moment où les Églises chrétiennes, saisies par l'horreur de la Shoah, abandonnent pour un dialogue enfin fraternel leur séculaire enseignement du mépris, la théologie la plus radicalement hostile aux fils d'Abraham refait surface là où on l'attendait le moins : la malédiction du Juif charnel est devenue un lieu commun de la pensée post-religieuse et post-hitlérienne.

À ce scandale historique et métaphysique, j'opposerai le témoignage bouleversant de Wladimir Rabinovitch, dit Rabi, au sortir de la catastrophe : « Nous avons été réintégrés dans notre condition d'hommes libres. Nous avons recommencé à être des citoyens français. Nous avons repris notre activité professionnelle, du moins ceux qui l'ont pu. Mais ce que nous ne disons pas, c'est cette obsession constante, cette lancinante douleur secrète derrière chacun de nos actes et de nos propos. Non, jamais plus nous ne serons comme les autres. Nous ne pouvons pas oublier. Nous n'oublierons jamais. Nous avons été la balayure du monde : contre nous, chacun avait licence[24]. » Ceux que Rabi appelle « les séparés » ont tiré de leur douleur la conclusion suivante : plus jamais ça, plus jamais cette destitution, ce délaissement, cette solitude. Plus jamais nous ne mourrons ainsi. Nous allons quelque part sur la terre retrouver nos prérogatives de peuple.

Ce « plus jamais ça » était celui de mes parents et de tous les survivants, qu'ils aient choisi ou non de s'installer en Israël. L'existence de ce pays les consolait, les apaisait, leur mettait du baume au cœur. Ils n'exigeaient pas la repentance, ils n'avaient pas besoin d'un grand *mea culpa* national, ils voulaient juste être compris et qu'on laissât vivre Israël. Faisant une place dans leur mémoire blessée au combat des Forces françaises libres et au patriotisme de tous les résistants, ils ne demandaient pas, même en rêve, au président de la République d'incriminer la France dans sa globalité pour la participation du régime de Vichy à la solution finale. Et ils n'imaginaient pas, même dans leurs pires cauchemars, que le jour viendrait où le chroniqueur d'une émission très regardée de la télévision interpellerait le réalisateur d'un film sur la séquestration, la torture et l'assassinat d'un jeune Juif par un gang de banlieue en ces termes : « Et pourquoi vous ne parlez pas des enfants palestiniens tués par l'armée israélienne ? » Malgré leur méfiance chronique (« *oilem goilem* », « le peuple est un golem », avait coutume de dire mon père), ils n'imaginaient pas non plus qu'à l'occasion d'un mouvement de révolte des laissés-pour-compte de la mondialisation et de l'aide sociale, certains protestataires désigneraient la « mafia sioniste » comme leur ennemi principal. Bref, ils étaient très loin de se douter que la haine d'Israël en viendrait à broder la croix gammée sur la poitrine des Juifs et que ceux-ci devraient être défendus sous la bannière « SOS Antiracisme ».

J'ai cessé de confondre fidélité et fanfaronnade, je ne me raconte plus d'histoires. Je sais ce qui me sépare des séparés, mais j'ai fait mien leur « plus jamais ça ». Je revendique hautement cet héritage et c'est pour moi un continuel sujet d'émerveillement de voir le minuscule État où s'expriment toutes les dissensions de l'âme juive tenir tête depuis sa naissance aux ennemis qui l'entourent. L'amour cependant ne me rend pas aveugle : n'en étant pas à voir ce que je crois mais croyant encore ce que je vois, je plaide depuis bientôt quarante ans pour la fin de l'occupation et la solution de deux États. Et je m'entête, je reviens inlassablement à la charge, je prends même le risque du radotage car le statu quo est un leurre qui dissimule le pourrissement continu de la situation. Je n'oublie pas qu'Israël a été récompensé de son retrait de la bande de Gaza et du Sud-Liban par un surcroît d'agressivité à ces deux frontières. Je ne prends pas à la légère le rapprochement de la menace iranienne. Ayant lu la charte du Hamas, je sais aussi que, pour cette organisation qui règne sur Gaza, et qui risquerait de l'emporter en Cisjordanie si des élections avaient lieu maintenant, la communauté de référence n'est pas la nation mais l'*oumma* (la communauté des croyants) : « La terre de Palestine est une terre islamique (*waqf*) pour toutes les générations de musulmans jusqu'au jour de la résurrection. Il est illicite d'y renoncer en tout ou en partie, de s'en séparer en tout ou en partie » (article 11). Les Israéliens dont on dénonce rituellement l'*hubris* et l'esprit de conquête sont habités, en réalité et non sans raison, par la défiance et la peur. Mais aussi justifiés soient-ils, ces sentiments doivent être tempérés par d'autres considérations. La première, incontournable, c'est le droit de tous les Palestiniens de ne plus vivre sous tutelle. La seconde, c'est qu'au train où va la colonisation de peuplement à l'ouest du Jourdain, il sera bientôt trop tard pour faire machine arrière : les Juifs cesseront d'être majoritaires dans l'État qu'ils ont créé afin de le devenir. Les colons dansants et ceux qui les soutiennent n'accomplissent pas, comme ils s'en targuent, le projet sioniste : ils l'assassinent. Ils ont jugé bon d'inscrire dans la loi fondamentale le caractère juif d'Israël alors même qu'ils travaillent inlassablement à sa déjudaïsation. C'est pourquoi, malgré les obstacles de plus en plus inquiétants que constituent l'annexionnisme des uns et le panislamisme des autres ou leur revendication obstinée d'un droit au retour à l'intérieur des frontières d'Israël, je ne varie pas, je m'en tiens à cette phrase du grand historien J. L. Talmon, dans une lettre ouverte à Menahem Begin, publiée par le journal *Haaretz*, le 30 mars 1980 : « De nos jours, le seul moyen d'aboutir à une coexistence entre les peuples est, bien que cela puisse paraître ironique et décevant, de les dissocier[25]. »

Talmon n'était pas un doux rêveur. 286 généraux à la retraite de l'armée, du Mossad, du Shin Beth et de la police, se sont regroupés, il y a peu, sous le nom de *Commanders for security*. Après avoir analysé en détail les répercussions négatives qu'aurait l'annexion de la Judée-Samarie sur la sécurité d'Israël, ils appellent solennellement à un « gouvernement de séparation nationale ». Étant donné leurs états de service, on peut difficilement les taxer d'angélisme. Ce sont des pragmatiques. Mais cette garantie suffira-t-elle ? Les soldats qui ont affronté et traqué l'ennemi seront-ils mieux entendus que l'universitaire aux mains pures ? Ou la peur conduira-t-elle les Israéliens à faire le choix du pire ?

Décidément, je ne suis pas près de tourner la page.

# III

# RENCONTRES

Revenons sur nos pas.

Un jour de juin 1977, à Berkeley où je finissais ma première année de *visiting assistant professor*, Pascal Bruckner m'a téléphoné pour m'annoncer qu'il venait de recevoir une lettre élogieuse de Michel Foucault sur notre *Nouveau Désordre amoureux* tout juste paru. Ce qui lui plaisait, me dit Pascal, c'était de lire, sous notre plume, que la libération sexuelle dont on faisait si grand cas ne rendait pas justice au désir ni à l'amour. J'étais abasourdi, je n'en croyais pas mes oreilles. Foucault, à l'époque, cumulait les prestiges de la philosophie, de la radicalité critique, de l'érudition et du style. Son écriture étincelait, son savoir fascinait, son œuvre, qui plus est, faisait entendre « le grondement de la bataille[1] ». Il était le plus grand des grands, il régnait sur l'intelligence, il donnait l'impression d'avoir lu tous les livres et il m'adoubait, moi le rien du tout, le débutant tâtonnant pétri d'incertitudes ! J'ai sauté de joie à plusieurs reprises sur mon lit californien, je n'ai pas fermé l'œil de la nuit qui a suivi cet appel et, quelques semaines plus tard, Pascal m'a présenté à l'auteur de *Surveiller et punir*. Son abord a été si direct, sa conversation si crépitante et sa curiosité si dévorante que je ne me souviens pas d'avoir été timide. Un lien s'est tissé. Nous nous sommes vus régulièrement après mon retour définitif en France. Un dimanche d'hiver, j'ai été invité par quelques-uns de ses jeunes amis à venir prendre de l'acide, rue de Vaugirard, avec eux et avec lui. Je n'étais pas grand consommateur mais, n'ayant jamais su avaler la fumée correctement, j'appréciais le LSD, cette drogue qui se prenait en cachets et dont les effets étaient garantis. Avec l'acide, j'étais sûr de ne pas rester en rade. Je me suis donc rendu dare-dare à cette invitation. Foucault m'a ouvert la porte. Il était tout à fait sobre et il entendait clairement, ce jour-là, le rester. Plutôt que de glousser et gazouiller sur la moquette dans la douce euphorie des hallucinations légères, j'ai préféré le suivre dans son studio où nous avons parlé, parlé jusqu'au crépuscule.

Malgré l'ascendant qu'il exerçait sur ma génération et sur moi, je ne suis pas devenu un disciple de Michel Foucault. J'ai même pris mes distances avec ce que je comprenais de son entreprise philosophique, mais j'ai été sensible à l'immense effort qu'il a accompli, dans ses dernières années, pour se déprendre, par une histoire de l'éthique, de lui-même, c'est-à-dire de la propension à déduire les comportements humains des dispositifs de pouvoir. Il n'est pas donné à tous les penseurs de scier les barreaux de leur propre système.

Je lui ai, en outre, toujours su gré d'avoir qualifié de « honteuse[2] » la résolution de l'ONU assimilant le sionisme à une forme de racisme, au moment où Deleuze et tout le mouvement post-soixante-huitard commençaient à criminaliser l'existence même d'Israël, et cette amitié dont ses épigones voudraient effacer la tache me reste si chère que je souffre chaque fois que j'entends dire du mal de lui.

En 1978, Foucault s'est entendu avec le quotidien italien *Corriere della Sera* pour proposer à des écrivains et à des philosophes, c'est-à-dire à des non-journalistes, de faire des *reportages d'idées*, car, estimait-il, il ne faut pas se laisser prendre au discours sur la fin des idéologies : « Le monde contemporain fourmille d'idées qui naissent, s'agitent, disparaissent et réapparaissent, secouant les gens et les choses. Et cela non seulement dans les cercles intellectuels ou les universités de l'Europe de l'Ouest : mais à l'échelle mondiale et, parmi bien d'autres, des minorités ou des peuples que l'histoire jusqu'à aujourd'hui n'a presque jamais habitués à parler ou à se faire écouter[3]. » En coordination avec le correspondant à Paris du *Corriere*, j'ai été chargé d'animer la petite cellule voulue par Foucault et j'ai moi-même enquêté sur l'émergence de la droite libertarienne aux États-Unis, puis avec Benny Lévy en Israël et en Égypte, sur ce que signifiait la paix née des accords de Camp David. J'ai ensuite proposé un entretien avec Milan Kundera. Foucault, enthousiaste, m'a donné le feu vert. Kundera, difficilement joignable, a fini par dire oui, et cette rencontre a changé ma vie.

J'ai réalisé au contact de Kundera que l'hermétisme n'était pas un gage de supériorité intellectuelle. J'ai cessé d'être intimidé par l'obscurité. Kundera alliait souverainement la limpidité et la profondeur, et son humour constamment aux aguets m'a ouvert les yeux sur la part comique de chaque situation humaine : « Rien ni personne n'est dispensé du comique, qui est notre condition, notre ombre, notre soulagement et notre condamnation[4]. » J'habite un pays porté sur l'emphase et les effets de manche. On aime en France à se parer d'illusions sonores. Kundera m'a guéri de ce travers en dévoilant impitoyablement la prose cachée derrière les poses et notamment celles que j'avais pu prendre dans ma jeunesse fervente : « Quel mot infiniment ridicule, ce mot combat ! Qu'est-ce que c'était leur combat ? Ils assistaient à des réunions interminables, ils avaient des ampoules aux fesses, mais à l'instant où ils se levaient pour prendre des positions extrêmes (il fallait châtier encore plus durement l'ennemi de classe, formuler telle ou telle idée en termes encore plus catégoriques), ils avaient le sentiment de ressembler aux personnages des tableaux héroïques[5]. » Grâce à Kundera, j'ai achevé le périple entamé avec *Le Juif imaginaire*, et je suis définitivement redescendu sur terre. Ce réalisme n'a pas fait de moi un romancier. Mais je sais par Kundera et aussi par Proust relu à la lumière de sa pratique et de sa pensée, que le roman, c'est le *parti pris de la prose*, le choix de « recueillir tout ce que les muses plus hautes de la philosophie et de l'art ont rejeté[6] ».

On m'avait, quand je faisais mes études de lettres, présenté les choses tout autrement. Mes maîtres – et notamment Roland Barthes, le plus proche, le plus cher – m'enseignaient que la littérature était à elle-même son propre objet. En réaction à sa grossière instrumentalisation par l'engagement sartrien, ils célébraient le caractère *intransitif* de l'écriture littéraire, et ils allaient même jusqu'à diviser l'histoire en deux moments antithétiques : un jadis où régnait la *mimesis* et auquel certains s'accrochaient encore ; une modernité définie par la rupture avec la représentation et qui, à l'écriture d'une aventure, substituait, dans un chiasme vertigineux, l'aventure de l'écriture. Barthes, à cette époque, mettait en garde contre l'« illusion référentielle » et lui opposait l'« enchantement du signifiant » ; Blanchot affirmait que l'« œuvre n'est là que pour conduire à la recherche de l'œuvre » et Foucault renchérissait en disant que la « spécificité de la littérature consiste à se recourber dans un perpétuel retour sur soi, comme si son discours ne pouvait avoir pour contenu que de dire sa propre forme[7] ».

Cette circularité me subjuguait et, en même temps, m'étouffait. Après mon agrégation de lettres modernes, je me suis tourné vers la phénoménologie, parce que je ne voulais pas renoncer, pour les joies sans joie de l'*acosmisme textuel*, à l'investigation du monde de la vie. La forme m'importait, bien sûr, mais elle ne me suffisait pas. J'avais besoin d'œuvres qui fassent signe au-delà d'elles-mêmes. Et voici Kundera qui arrive et qui, sans avoir l'air d'y toucher, redistribue les rôles. Il assigne au roman la mission que je croyais réservée à quelques philosophes et, insensible au charme de la rupture, vacciné par son expérience historique contre la volonté de faire table rase du passé, il donne du modernisme une définition que je n'avais jamais entendue : « Avancer, par de nouvelles découvertes, sur la route héritée. » Disant, après Flaubert, que le romancier s'efforce d'« aller dans l'âme des choses[8] » et, après Proust, que « son ouvrage n'est qu'une espèce d'instrument d'optique qu'il offre au lecteur afin de lui permettre de discerner ce que, sans celui-ci, il n'aurait peut-être pas vu en soi-même[9] », Kundera m'a redonné le goût de la vérité romanesque. Il m'a permis de sortir par la littérature de l'« aire de jeu funèbre pour mandarins abstraits[10] » qu'était devenu l'espace littéraire. Je n'ai plus seulement demandé à Levinas, Sartre ou Hannah Arendt de m'éclairer sur les principaux aspects de la condition humaine, j'ai rouvert, pour étancher ma soif de connaissance, des romans de Mme de La Fayette, Dostoïevski, Henry James, Joseph Conrad, Vassili Grossman, Kundera, Camus, Bergman, Philip Roth et Karen Blixen. Les grands livres nous lisent : voilà ce que mon éducation supérieure m'avait ôté de la tête et qui me revenait en mémoire. Muni de ce viatique, je pouvais me risquer à l'exégèse.

Ce n'est pas tout. Tombant, dans le cours de mon enquête, sur les premiers mots de la préface du *Nègre du Narcisse* : « Toute œuvre littéraire qui aspire, si humblement que ce soit, à la qualité artistique doit justifier son existence à chaque ligne[11] » – j'ai pris ces mots pour moi. Je ne suis pas romancier et j'aurai garde de me comparer aux auteurs qui composent ma bibliothèque idéale. Mais je ne saurais pour autant me soustraire à ce commandement. Il me vise aussi. Dans le registre de l'essai et avec les moyens du bord, je m'efforce de lui obéir.

# IV

# À LA RECHERCHE DU TEMPS PRÉSENT

Je dois aussi aux poètes et aux penseurs d'Europe centrale la prise de conscience de mon appartenance et de mon attachement à la civilisation européenne. Avant de les lire et, pour certains, de les fréquenter, je pensais, avec Julien Benda, qu'il n'y avait pas d'*Être européen*. Pour moi, le propre de l'Europe, c'était de ne pas avoir de propre et de se définir par des principes abstraits et universels. L'Europe avait inventé les droits de l'homme. Il fallait aujourd'hui qu'elle se reconnaisse dans cette seule invention car on savait à quoi avait mené l'absolutisation des différences collectives. Le devoir de mémoire commandait à l'Europe de préparer la venue d'une humanité que ne romprait aucune séparation intérieure et de donner l'exemple en se séparant d'elle-même et de sa ténébreuse histoire. Il lui incombait d'abandonner l'identité pour les valeurs. La *civilisation* européenne ayant enfanté coup sur coup deux guerres monstrueuses, le temps était venu de lui substituer, pour assurer la paix, les normes et les procédures de la *construction* européenne.

La pensée dissidente a ébranlé mes certitudes. Au sortir des années militantes, Kundera, Miłosz, Brandys, ou Kołakowski ont fait bien plus que me réconcilier avec le système politique dans lequel, né du bon côté du partage de Yalta, j'avais eu la chance de grandir. Car ils ne parlaient pas seulement politique, ils n'en restaient pas à la démystification (au demeurant indispensable) de l'utopie révolutionnaire. Ils ne se contentaient pas d'opposer au schéma progressiste d'un affrontement entre communisme et capitalisme la réalité du conflit de la démocratie et du totalitarisme, ils révélaient à qui prenait la peine de les lire l'enjeu civilisationnel de la domination russo-soviétique sur l'Europe centrale. « Un Occident kidnappé », écrivait Kundera en 1983. L'article qui portait ce titre renversant s'ouvrait sur une anecdote dont je ne cesse depuis lors de méditer le sens : « En 1956, au mois de septembre, le directeur de l'agence de presse de Hongrie, quelques minutes avant que son bureau fût écrasé par l'artillerie, envoya par télex dans le monde entier un message désespéré sur l'offensive russe, déclenchée le matin contre Budapest. La dépêche finit par ces mots : "Nous mourrons pour la Hongrie et pour l'Europe." Que voulait dire cette phrase ? Elle voulait certainement dire que les chars russes mettaient en danger la Hongrie, et avec elle l'Europe. Mais dans quel sens l'Europe était-elle en danger ? Les chars russes étaient-ils prêts à franchir les frontières hongroises en direction de l'ouest ? Non. Le directeur de l'agence de presse de Hongrie voulut dire que l'Europe était visée en Hongrie même. Il était prêt à mourir pour que la Hongrie restât Hongrie et restât Europe[1]. »

Quel choc ! Moi qui, échaudé par les cataclysmes du XXᵉ siècle, tenais pour suspectes toutes les patries charnelles, Israël excepté, je tombais des nues. Moi qui pensais que pour étouffer ses vieux démons et se mettre lui-même hors d'état de nuire, le Vieux Continent devait entrer dans l'âge post-identitaire, j'étais soudain confronté à une défense de l'identité européenne et de l'identité nationale qui ne pouvait, en aucun cas, être assimilée au racisme. L'Europe *ou* la nation, disais-je avant de lire Kundera. J'apprenais, en le lisant, que l'Europe *et* la nation pouvaient être une seule et même cause.

Revenu de mon inconséquence et de mon égarement, j'ai fondé le *Messager européen* en 1986. Cette revue a vécu dix ans. Je l'ai animée avec Élisabeth de Fontenay, Béatrice Berlowitz et, avant qu'elle ne s'embarque, sans préavis, pour de nouvelles (et brèves) aventures aux *Temps modernes*, Danièle Sallenave. Je voulais renforcer le dialogue entre les deux Europes séparées depuis 1945 et permettre à la nôtre, devenue amnésique par vigilance mémorielle, de renouer avec elle-même. J'ai mesuré à la fois la nécessité et la difficulté de la tâche tout au long du dernier conflit européen du XXᵉ siècle : la guerre des Balkans. Trois mois après le siège et la destruction de la ville de Vukovar par l'armée serbo-yougoslave, a eu lieu, au palais de Chaillot, un grand colloque sur le thème « L'Europe ou les tribus ». Nous étions sommés de choisir entre l'universel et le particulier, l'esprit et l'ethnie, l'adhésion aux grands principes et l'adhérence à une géographie et une histoire. « Mourir pour la patrie et pour l'Europe » est une phrase qu'on ne pouvait pas entendre à Paris. M'étant risqué à braver cette interdiction et à dénoncer l'amalgame, qui tétanisait les grandes consciences, entre la Croatie actuelle et l'État oustachi installé par Hitler, j'ai été affublé du surnom de « Finkielcroate ». Il a fallu l'agression de la Bosnie-Herzégovine qui n'était pas une nation mais une mosaïque, un mélange, un *patchwork* identitaire pour que l'intelligentsia occidentale consente à descendre de l'Olympe et à prendre parti.

Les choses ont commencé à changer, le 11 septembre 2001. Comme l'a écrit Pierre Manent, on s'est rendu compte alors que l'humanité était marquée de *séparations* profondes et même intraitables. On avait célébré la chute du mur de Berlin et voici qu'avec la « double razzia bénie » contre le World Trade Center et le Pentagone, se révélait l'« existence d'un autre mur, l'impénétrabilité réciproque des communautés humaines en dépit de la prodigieuse et toujours croissante facilité des communications[2] ». Après cette date fatidique, le djihad s'est invité sur le Vieux Continent et il est vite apparu à ceux qui avaient des yeux pour voir comme la forme paroxystique d'un phénomène sans précédent : le choc des civilisations à l'intérieur des communautés nationales. Avec l'immigration dite post-coloniale, le partage d'un même patrimoine par les autochtones et les nouveaux arrivants a cessé d'aller de soi. Dans les quartiers bizarrement qualifiés de « sensibles » et qui sont en augmentation constante, la question sociale se pose avec acuité mais dans des termes nouveaux. Le social, en effet, ne se ramène plus à l'économique. Notre matérialisme spontané est pris en défaut et ce constat s'impose à nous : les individus ne sont pas mus seulement par leurs intérêts, mais par leurs passions, leurs croyances, leurs coutumes, et d'autres forces collectives sont à l'œuvre que la caste des dominants et la masse des dominés. Des divisions apparaissent, des violences explosent, une rage et une bigoterie se manifestent qui n'ont rien à voir ni de près ni de loin avec la lutte de classes. Les professeurs vont faire cours la peur au ventre, les policiers, les gendarmes mais aussi les pompiers, les médecins, les infirmières sont régulièrement pris pour cible, les actes et les gestes de rupture avec le reste de la nation se multiplient, le désaveu de la culture d'accueil s'atteste jusque dans les tenues vestimentaires et le vacarme de certaines célébrations nuptiales. Impossible, quels que soient les efforts herméneutiques déployés, de faire rentrer au bercail d'une France insoumise ces conduites d'insoumission à la France. Pour le dire avec les mots d'Élisabeth Badinter : « Une seconde société tente de s'imposer insidieusement dans notre République, tournant le dos à celle-ci, visant explicitement le séparatisme voire la sécession[3]. »

Sous l'effet de ce séparatisme, des citoyens qui

avaient oublié leur adresse et leur affiliation prennent brutalement conscience qu'ils sont, selon les mots de Péguy, « les héritiers et les administrateurs comptables et responsables d'un domaine incessamment menacé[4] ». Voyant s'étendre les territoires où l'étranger, c'est eux, ils ont le mal du pays dans leur pays lui-même. Cet exil immobile réveille une « voix de mémoire engloutie[5] ». Ils ont toujours été laïques, mais jusqu'à une date récente, ils n'en faisaient pas une montagne, ils n'y prêtaient même aucune attention car, depuis la séparation de l'Église et de l'État, ils n'avaient plus de véritable adversaire. Le surgissement de la question du voile les renvoie à eux-mêmes. Incompris et même vilipendés hors de nos frontières par la plupart des autorités morales pour avoir interdit le port de signes religieux ostensibles à l'intérieur des établissements scolaires, ils en concluent non que leurs critiques divaguent ou retardent, mais que la sécularisation a pris, ailleurs en Occident, une tout autre forme que la laïcité à la française. On n'emprunte pas partout le même chemin pour sortir de la Maison du Père. Dans la plupart des démocraties, l'école accepte au nom de la liberté de conscience ce qu'elle proscrit chez nous au nom de l'égalité des sexes et du libre examen. Les positions sont inconciliables et, comme ces citoyens tirés du sommeil de l'évidence ne souhaitent pas plus s'aligner sur le multiculturalisme majoritaire qu'ils ne veulent tomber dans le ridicule de se proclamer seuls détenteurs de l'universel, ils investissent et ils défendent désormais leur particularité *en tant que telle* : « Nous autres Français, nous devons en rabattre sur nos prétentions : nous n'avons pas le monopole de l'idéal, nous ne possédons pas la formule exclusive des droits de l'homme, nous ne sommes pas le phare des nations, nous sommes ce que nous sommes et nous tenons à le rester. Face au défi islamiste, les lois laïques protègent nos mœurs et notre idée de la liberté », se surprennent-ils à dire.

On les avait dressés à n'attacher de valeur qu'aux valeurs et le péril en la demeure leur fait comprendre qu'ils sont aussi attachés à des choses, des objets familiers, une forme de vie façonnée par le temps. Programmés pour secouer le gouvernement des morts, ils ont la soudaine révélation que *les morts ne sont pas au bout de leurs peines*. Ils constatent que les morts peuvent encore mourir et que cet effacement les laisserait désemparés. Quand elle était solidement établie, la composante française de la civilisation européenne ne signifiait rien pour eux. Ils ignoraient superbement qu'ils en étaient tributaires, elle n'entrait pas dans le cadre de leur pensée politique, sinon à titre de réalité caduque ou de fiction suspecte. Maintenant que son être même est remis en question, elle se rappelle à leur bon souvenir. Précaire, elle leur devient précieuse. La peur pour l'existence détermine la conscience et conduit à l'engagement. Les menaces pesant sur l'identité nationale et les malheurs qui la frappent font d'eux, malgré eux, ses gardiens. Notre-Dame de Paris, par exemple, ils n'y pensaient pas tous les jours. Mais la voyant livrée aux flammes, ils découvrent combien ils y sont attachés : cette cathédrale n'est pas seulement un joyau touristique, c'est, qu'ils soient catholiques ou non, une part de leur propre substance. Ils se consolent à l'idée que l'édifice pourra renaître grâce au savoir-faire des artisans et, en même temps, ils prient pour que l'impatience et l'arrogance du contemporain ne viennent pas tout gâcher, ils pleurent la forêt millénaire de la charpente et le sentiment de la fragilité des choses s'invite sans crier gare dans leur représentation de l'histoire.

Il ne faut donc pas s'y méprendre : l'identité selon la définition fixée par Maurice Barrès – « toute la suite des descendants ne fait qu'un même être » – continue de leur inspirer un sentiment d'horreur et d'effroi. Ils ont retrouvé le sens de la continuité historique, mais jamais ils ne diraient que l'« individu s'abîme pour se retrouver dans la famille, dans la race, dans la nation[6] ». L'identité dont ils se sentent dépositaires n'est pas l'acceptation béate d'un déterminisme, c'est, dans la lignée de Péguy et, plus près de nous, de Saint-Exupéry, un certain arrangement qui demande d'autant plus de soin qu'il tient à un fil : « De ce que j'ai aimé, que restera-t-il ? » demande l'auteur de *Terre des hommes*. Et il précise : « Autant que des Êtres, je parle des coutumes, des intonations irremplaçables, d'une certaine lumière spirituelle[7]. »

Cette identité s'avérant périssable, ils cessent de la traiter par le mépris ou de la prendre pour argent comptant. Ils en reconnaissent l'importance vitale, et les enfants gâtés qu'ils étaient se convertissent à la gratitude. Ils ne renient pas la philosophie de l'émancipation : ils ont simplement appris à dire « merci » et, contre vents et marées, ils veulent continuer à pouvoir le faire. Si, sans que rien ne les y prédisposât, ils sont devenus conservateurs, ce n'est pas qu'ils tiendraient en vieillissant toute nouveauté pour néfaste, ce n'est pas non plus au sens où ils auraient piteusement rallié le parti de l'Ordre et de la défense des privilèges, c'est parce qu'ils refusent de voir disparaître leur milieu nourricier et d'être déracinés sur place. On se trompe quand on affirme, avec gourmandise ou avec dégoût, qu'ils sont passés à droite. La vérité est qu'ils s'inquiètent pour la survie de la communauté historique où prend sens et peut se déployer la grande querelle de la droite et de la gauche.

J'ai cité, une nouvelle fois, Péguy car, en nous libérant des alternatives sommaires, ce catholique, patriote, dreyfusard jusqu'au bout des ongles, nous rend à nous-mêmes. L'auteur de *Notre Jeunesse* est notre *mécontemporain* capital et il l'a longtemps payé cher. Au début des années 80 du XXe siècle, Bernard-Henri Lévy faisait de lui, dans un essai fracassant, le fondateur, avec Barrès, du national-socialisme à la française, rien de moins. L'emphase et certains raccourcis du nouveau philosophe suscitaient certes la critique, mais il était rejoint sur ce point précis par des chercheurs confirmés comme Henri Guillemin, le célèbre biographe à la dent dure, ou comme le grand historien Zeev Sternhell, et le parti intellectuel qui amorçait alors son grand virage antiraciste souscrivait massivement à leur verdict de mort. De Péguy à Pétain, la conséquence était bonne.

J'ai voulu, par un livre, interjeter appel et acquitter la dette des Juifs à l'égard de celui qui a su voir en Bernard Lazare un prophète d'Israël à une époque où, comme le rappelle Gershom Scholem, « les Juifs français eux-mêmes, par embarras ou par méchanceté, par rancœur ou par stupidité, n'ont rien su faire de mieux que de traiter par le silence, un silence de mort, un de leurs plus grands hommes[8] ».

Ce n'est pas tout. J'ai pris la plume pour contester un jugement inique et j'ai rencontré, chemin faisant, un penseur si fécond et si vivant que, sans méconnaître une seule seconde la distance qui me sépare de son génie, je me suis mis à l'aimer comme un frère. Chaque fois que je lis le récit du parcours scolaire de ce fils de rempailleuse de chaises, les larmes me montent aux yeux : « Le fils de la bourgeoisie qui entre en sixième comme il a des bonnes et du même mouvement ne peut pas se représenter ce point de croisement que pouvait être pour moi d'entrer ou de ne pas entrer en sixième ; et ce point d'invention, d'y entrer. » Après son certificat d'études, Péguy avait été tout naturellement placé à l'école primaire supérieure d'Orléans. Mais M. Naudy, le directeur, ne l'entendait pas de cette oreille : « *Il faut qu'il fasse du latin*, avait-il dit [...]. Ce que fut pour moi cette entrée dans cette sixième à Pâques, l'étonnement, la nouveauté devant *rosa, rosae*, l'ouverture de tout un monde, tout autre, de tout un nouveau monde, voilà ce qu'il faudrait dire, mais voilà qui m'entraînerait dans des tendresses. Le grammairien qui, une fois, la première, ouvrit la grammaire latine sur la déclinaison de *rosa, rosae* n'a jamais su sur quels parterres de fleurs il ouvrait l'âme de l'enfant[9]. »

Quel linguiste, quel détenteur de l'autorité publique, quel ancien élève s'aventurerait de nos jours à dire que le latin est *l'ouverture d'un monde* et, au mépris de l'évidence chronologique, à qualifier ce monde de *nouveau* ? L'intervention de M. Naudy est certes devenue inutile : tous les enfants d'aujourd'hui entrent en sixième comme ils vont sur la Toile et du même mouvement. Mais cette démocratisation de l'enseignement général va de pair avec l'élimination progressive de ce qui en faisait le prix. Par sa magnifique déclaration d'amour et par la définition de l'instituteur comme le représentant dans sa classe de la culture, c'est-à-dire des poètes et des artistes, des philosophes et des savants, Péguy signe son appartenance à ce que Kundera appelle, avec nostalgie, le « temps passé des Temps modernes[10] ». Quand le Dieu médiéval se transforma en *Deus absconditus*, « ce fut la culture qui devint la réalisation des valeurs suprêmes par lesquelles l'humanité européenne se comprenait, se définissait, s'identifiait[11] ».

Péguy eut le pressentiment de ce qui advient : la culture, à son tour, cède la place. Mais il ignorait qu'elle serait détrônée par son homonyme. Ni vu ni connu, le cultivé disparaît dans le culturel, et ce qui caractérise cette nouvelle entité, c'est sa faculté d'englobement. Ne laissant pas la plus petite miette à la nature, elle couvre le champ entier de l'expérience, elle avale goulûment l'intégralité du phénomène humain. Elle n'a pas d'autre, pas de dehors assignable : aucune pratique ne lui est extérieure ou antérieure, aucune manière d'être ou de sentir ne se situe en deçà ou au-delà de sa juridiction. On n'accède pas à la culture par l'entremise des livres et des maîtres, on y baigne, on est dedans, quoi qu'on dise et qu'on fasse. Il n'est rien qui ne mérite cette appellation naguère encore très contrôlée. L'inculture a disparu d'un coup de baguette savante : « Tout est culturel », proclament les sciences sociales, et l'on en déduit que tout rap est musique, tout dégueulis verbal, poésie, toute obscénité, fleur du Mal. Nul ne pouvait naguère sortir de la mare où il végétait en se tirant lui-même par les cheveux comme le baron de Münchhausen. Aujourd'hui, la culture, c'est la mare. Plus besoin donc de s'élever pour s'en approcher. Le mot qui indiquait à la fois le chemin et la destination canonise désormais le déjà-là, quelque forme qu'il prenne.

Dans cette nouvelle configuration du territoire de l'esprit, les hussards noirs de la République ne sont plus des exemples mais des contre-modèles. Le temps de la ferveur péguyste est bel et bien révolu : la méfiance prévaut sur la reconnaissance, le soupçon succède à l'éloge et détecte, avec Pierre Bourdieu, une *violence symbolique* dans l'exercice même de leur vocation. La transmission de la culture est retraduite en « imposition, par un pouvoir arbitraire, d'un arbitraire culturel[12] ». Ceux qui s'assignaient pour mission d'offrir au plus grand nombre l'« héritage de la noblesse du monde » sont accusés d'avoir contribué à la reproduction de l'ordre social. La noblesse, pour les nouveaux défenseurs du peuple, c'est, dans tous les cas de figure, l'Ancien Régime. La culture humaniste n'échappe pas à la règle et perd l'aura dont l'entourait la tradition. Son éminence apparaît comme de l'arrogance, son rayonnement comme un subterfuge des dominants, son universalisme déclaré comme un particularisme qui s'ignore. Elle doit maintenant se faire toute petite et accepter, pour survivre, d'être rangée dans la catégorie des goûts et des couleurs. Les aristocrates à la lanterne ! La sociologie critique ayant réduit le choix des œuvres exigeantes et des plaisirs difficiles à la *distinction*, c'est-à-dire à la volonté obsessionnelle et ostentatoire de se démarquer du vulgaire, il est devenu malséant d'opérer le moindre classement : chacun aime ce qu'il aime, chacun se divertit comme il l'entend ; il y a encore des jugements, mais on veille, en application de la devise républicaine, à ce qu'il n'y ait plus de critères. Dans la mare où tout le monde barbote, rien n'est supérieur à rien. Nulle hiérarchie ne tient debout, nulle transcendance n'est admise, l'équivalence généralisée lave l'affront de la grandeur. « Nous voulons exercer notre vengeance sur tous ceux qui ne sont pas à notre mesure et les couvrir de nos outrages[13]. » Ce vœu attribué par Nietzsche aux tarentules, figures du Dernier Homme, a fini par être exaucé. Le ressentiment a pris le pas sur les autres passions démocratiques en s'emmitouflant dans le manteau de la vertu, c'est-à-dire de la lutte contre les discriminations et les privilèges.

Les hussards noirs n'ont pas complètement disparu. Je connais des jeunes agrégés et certifiés, hommes ou surtout femmes, qui, par leur tenue, leur rigueur et leur dévouement, sont à la hauteur des maîtres que sanctifiait Péguy. Mais ne nous leurrons pas : il devient de plus en plus difficile d'exercer dignement le métier de professeur dans la France d'aujourd'hui. Et ce n'est pas seulement à cause du manque de moyens, des classes surchargées ou de la grande transformation du public scolaire. En 2017, une enseignante de français, lassée du perpétuel lamento sur la baisse de niveau, a créé un site participatif chargé de recueillir les « antiperles », c'est-à-dire les éclairs de génie des candidats au bac. Exemple relevé avec enthousiasme dans la revue de presse de la radio la plus écoutée de France : une élève planche sur l'héroïsme de Cyrano de Bergerac. Après l'avoir écouté réciter sa leçon, l'examinateur lui demande d'arrêter le baratin et d'être sincère : que pense-t-elle vraiment du personnage d'Edmond Rostand ? Ainsi encouragée, l'adolescente fait comme sur les réseaux sociaux, elle *se lâche* : « Ce type est trop con, dit-elle en substance. Être entravé par un complexe ridicule à cause de son nez et mourir écrasé par une bûche jetée d'un toit, c'est minable. » Aversion pour les perdants, mépris de l'inutile, imperméabilité aux fastes du style et à tout ce qui dépasse la pure persévérance vitale : telle est donc l'« antiperle » devant laquelle l'institution s'extasie car rien ne lui est plus pénible que l'admiration convenue des valeurs héritées. Feu sur le conformisme scolaire ! Assez d'éloges stéréotypés et d'exposés en pilotage automatique ! Gloire aux subjectivités désinhibées ! Avec elles, au moins, ça déménage. Là même où on s'efforçait de donner accès à la beauté des œuvres, on récompense maintenant, faute d'y croire encore, la belle audace et la rafraîchissante authenticité de ceux qui s'assoient dessus. Il reste des *intercesseurs*, leur ministre actuel les soutient, mais face aux *liquidateurs* portés par la dynamique démocratique, ils ne font pas le poids.

Notre société, qui compte de plus en plus d'ennemis déclarés parmi les populations qui la rejoignent, combat sous les noms d'*élitisme* et d'*ethnocentrisme* la prédilection pour ses trésors. Voyant dans le passé non une ressource mais une contrainte, elle rompt – de la fidélité à la nostalgie – tous les liens qui l'y rattachent encore, elle se vide, elle se déleste de soi au moment précis où elle est attaquée pour ce qu'elle représente. Le rêve que faisait en 1968 Jean Dubuffet dans *Asphyxiante culture* est en train de devenir réalité. Il y a maintenant des « instituts de la déculturation » où des « négateurs solidement entraînés » développent « par des exercices appropriés la vivifiante faculté d'oubli » et proclament l'inanité de la notion de valeur esthétique. « Classiques sont les œuvres qu'on aborde avec une ferveur préalable et une mystérieuse loyauté », disait Borges. Comme l'espérait, sans vraiment y croire, l'artiste parti en guerre contre la religion de l'art, le « bon plaisir dénué de toute légitimation[14] » a eu raison de cette foi séculaire. Le patrimoine n'en impose plus. Au fanatisme islamique, la France et l'Europe répondent par le nihilisme égalitaire. Depuis *La Défaite de la pensée*, je m'efforce de combattre l'un sans rien céder à l'autre. La bataille n'est pas gagnée. On peut même affirmer, sans verser dans le catastrophisme, que les chances de succès sont minces.

Je disais plus haut que Péguy nous rend à nous-mêmes. J'ajouterai, citant Bernanos, que « c'est un homme qui, mort, reste à portée de la voix et même plus près, à notre portée, à la portée de chacun de nous, qui répond chaque fois qu'on l'appelle[15] ». Mais force est de constater que tout le monde ne l'appelle pas, loin s'en faut. Une opinion puissante se déchaîne même contre ceux qui le font parce qu'ils se sentent, comme lui, « les héritiers et les administrateurs comptables et responsables d'un domaine incessamment menacé ». Ces héritiers sont frappés par cette opinion d'un double désaveu. Elle brandit contre eux le serment du « Plus jamais ça » et la Déclaration des droits de l'homme. Elle leur reproche de faire le tri dans les productions de l'humanité et de vouloir maintenir les individus sous le joug de leurs prédécesseurs. Et les critiques fusent de toutes parts. Un enseignant-chercheur d'histoire à Paris I-Sorbonne fustige leurs

« propos abjects » et leurs « intentions putrides[16] ». Dans son rapport sur la refondation des politiques d'intégration, un conseiller d'État les accuse, avec une virulence inhabituelle en ces parages, de préférer au présent ouvert, multiple, joyeux, les « images d'Épinal jaunies et flétries du roman national ». Plein de mépris pour les défenseurs d'une France « chevrotante et confite dans des traditions imaginaires », ce haut fonctionnaire survolté poursuit de ses sarcasmes les « majuscules clinquantes et rutilantes » dont ils aiment à parer leurs discours : « Droits et Devoirs ! Histoire ! Œuvre ! Civilisation française ! Patrie[17] ! » Au nom de l'Autre, ils sont qualifiés de racistes et au nom de la liberté et l'égalité, de réactionnaires. R est la nouvelle lettre écarlate.

J'en parle d'expérience. Depuis quelque temps déjà, ce label d'infamie est épinglé par l'intelligentsia « progressiste » sur tout ce que j'ai le malheur de dire ou d'écrire. Pour les universitaires, les écrivains, les journalistes et les artistes qui opposent leur sens de l'hospitalité au choix de la fermeture, je suis, du fait de mon chagrin patriotique et de mon rapport à Israël, ce qu'on appelait en d'autres temps : un scélérat. Pour la majorité des sociologues, de surcroît, une parole non scientifique comme la mienne ne mérite pas d'être prise en compte et ils renchérissent sur la réprobation morale par la moue dédaigneuse du chercheur qualifié. L'incompétence en moi le dispute à l'insensibilité : non seulement vil, mais nul. Je mentirais si je disais que cette situation m'indiffère : elle me rend d'autant plus malade que, deux fois déjà, des petites foules vociférantes ont traduit en injures et en crachats les anathèmes fomentés par la fraction radicale du parti intellectuel. Je suis désormais *persona non grata* aux abords des manifs et des rassemblements comme à l'École normale supérieure où, il y a quelques années, un élève avait souhaité m'inviter mais avait dû renoncer de peur des perturbations que n'aurait pas manqué de provoquer ma venue. Et si j'ai pu récemment prononcer une conférence à Sciences Po, c'était sous bonne garde policière. On veut réparer le scandale de ma présence dans les médias en me chassant des temples du savoir. Ce n'est plus le pouvoir mais la contestation qui pratique aujourd'hui la censure et qui cherche à bâillonner les mal-pensants. « Sale merde ! Raciste ! Espèce de haineux ! » hurle l'ennemi vulgaire. « Académicien du suprématisme occidental, venu des profondeurs abyssales de la pire réaction », écrit le mandarin Badiou, professeur émérite à la rue d'Ulm qui assure, en outre, de son soutien amical « toutes les victimes, directes ou indirectes, de la jactance du parasite haineux des manifestations progressistes[18] ». Aussi marginale soit-elle, cette alliance contre mon nom d'une élite sophistiquée et d'une populace échevelée me donne envie de jeter l'éponge. J'accepte la polémique, je ne crains pas la contradiction, mais le reste, c'est-à-dire les avanies des porte-parole déshumanisés de l'humanité souffrante, je n'arrive pas à m'y faire. Je résiste pourtant aux assauts de l'« à quoi bon » et au rêve d'Écosse : je continue, je m'obstine, j'aggrave mon cas pour une raison toute simple, admirablement formulée par Léon Werth dans le *Journal* qu'il a tenu durant l'occupation allemande. À la date du 21 octobre 1940, le grand ami juif de Saint-Exupéry écrit : « Je tiens à une civilisation, à la France. Je n'ai pas d'autre façon de m'habiller. Je ne peux pas sortir tout nu[19]. »

# V

# LE CHOC HEIDEGGER

La philosophie, ce fut longtemps pour moi un vaste et lointain palais dont chaque galerie était occupée par un grand système. Ce palais, je le visitais, sous la direction de guides qualifiés, avec une humble curiosité mais sans émotion particulière. J'admirais en touriste ébaubi les somptueuses constructions intellectuelles qui défilaient sous mes yeux. Et je n'étais ni platonicien, ni spinoziste, ni leibnizien, ni kantien, ni hégélien ; je restais désespérément extérieur. J'ai commencé à me sentir impliqué quand j'ai vu chez Sartre et, plus encore chez Levinas, les mots désignant ce dont les hommes s'étaient toujours souciés sans oser l'imaginer dans un discours spéculatif prendre rang de catégories [1]. Ainsi, par exemple, la mauvaise foi, l'angoisse, la honte, la caresse, le visage…

Et puis, il y eut le choc Heidegger. Je ne visitais plus, en le lisant, un palais lointain ; j'étais happé, englobé, partie prenante. Toute distance abolie, je découvrais que les non-philosophes, moi compris, étaient des Monsieur Jourdain de la philosophie. La métaphysique, m'apprenait Heidegger, ne se situe pas au-delà mais au fondement de la pensée courante. Elle est nichée dans la prose de tout un chacun. Elle tisse la trame de nos existences. Elle façonne nos attitudes quotidiennes. Elle modèle nos manières habituelles d'agir, de réagir, de réfléchir. Chaque époque est portée par une métaphysique, et à la question : quelle est la nôtre ? le difficile Heidegger répond simplement : « La position fondamentale des Temps modernes est la position technique[2]. » L'homme se distingue de l'animal par l'outil mais cela ne fait pas pour autant de la technique un attribut immémorial de l'*Homo faber*. Comme l'écrit René Char : « L'histoire des hommes est la longue succession des synonymes d'un même vocable. Y contredire est un devoir. » Alors que le menuisier « s'efforce de s'accorder aux diverses façons du bois, aux formes qui y dorment, au bois lui-même tel qu'il pénètre la demeure des hommes et dans la plénitude sacrée de son être s'y dresse », la technique moderne aborde la réalité sur le mode du défi et non de la connivence. Elle ne s'accorde plus à ses formes, elle ne compose plus avec ses manifestations, elle la somme de se manifester dans une objectivité calculable et exploitable. Ce qu'on appelait, avec des sentiments mêlés d'admiration et d'appréhension, la nature, devient, sous son égide, un pur réservoir de matières et d'énergies. Qu'est-ce qu'un sol pour la métaphysique qui nous gouverne ? Un entrepôt de minerais. Qu'est-ce qu'un fleuve ? Un fournisseur de pression hydraulique : « La centrale n'est pas construite dans le courant du Rhin comme le vieux pont de bois qui, depuis des siècles, unit une rive à l'autre, c'est bien plutôt le fleuve qui est muré dans la centrale[3]. »

Avec un art consommé de la dramaturgie philosophique, Heidegger condense en un seul mot – *Gestell* – ce défi généralisé. Il rassemble ainsi toutes les opérations désignées par les verbes qui portent le radical *stellen* : mettre en évidence, représenter, traquer, commettre, interpeller. La traduction française *arraisonnement* a le mérite de faire image de manière concordante. Avec le *Gestell*, le réel se trouve arrêté dans sa course comme un bateau en pleine mer, contraint de fournir des justifications, de rendre des comptes, et finalement requis pour des tâches de rationalisation planétaire.

Mais la technique ne réside pas dans ce qu'elle a de plus apparent : ses rouages et ses pistons, ses moteurs et ses machines. Elle ne concerne pas seulement le domaine de la production. Heidegger va même jusqu'à dire que l'« essence de la technique n'est rien de technique, elle est, si on veut, esprit, à savoir une façon dont l'étant en son entier se révèle et, ainsi manifesté, déploie son règne[4] ». Rien, en d'autres termes, n'échappe à l'empire du *Gestell*. Rien, pas même la langue. Celle-ci est placée d'emblée et sans réserve dans l'horizon de la raison opérationnelle. On ne la conçoit plus comme civilisation, mais comme service. C'était un don et un héritage, c'est, dans un monde où tout ne fonctionne pas mais où tout est fonctionnement, un moyen de communication et d'information. C'était une tradition, c'est devenu un support de l'échange. L'esprit de la technique a chassé et supplanté le génie de la langue. L'idée qu'on puisse aimer, c'est-à-dire sauvegarder, soigner, servir, honorer, écouter la langue a perdu tout sens. Qui irait s'éprendre d'une fonction ? Il n'y a plus de place pour l'émerveillement ou le remerciement à l'ère de la réquisition totale. Certes, le projet d'inventer sur le seul critère de l'efficacité une langue universelle a échoué. Mais qu'est-ce que le bien nommé *globish* sinon, comme le dit très justement Julien Gracq, un « espéranto qui a réussi, c'est-à-dire le chemin le plus court et le plus commode de la communication triviale » ?

Ouvrons les oreilles et regardons autour de nous : avec les *newsrooms*, les *spin doctors*, les *podcasts*, l'*access prime time*, le *live*, le *showbiz*, les *blockbusters*, les *sponsors*, la *fashion week*, le *black Friday*, le *jackpot*, le *fundraising*, le *team-building*, le *brainstorming*, le *debriefing*, le *story telling*, le *coaching*, le *consulting*, le *marketing*, l'*engineering*, le *timing*, le *naming*, le *shooting*, le *benchmarking*, le *coworking*, le *making of*, le *zapping*, le *streaming*, les *castings*, les *liftings*, les *listings*, les *testings*, le *made for sharing*, le *low cost*, les *duty free*, les *deals*, les *gaps*, les *spots*, les *jobs*, les *challenges*, le *turnover*, le *burn out*, les *check-up*, les *hashtags*, le *buzz*, la *box*, le *cloud*, les *mails*, les *cookies*, les *bugs*, les *talks*, les *tweets*, les *geeks*, les *hits*, les *scoops*, les *managers*, les *helpers*, les *followers*, les *designers*, les *traders*, les *hackers*, les *gamers*, les *losers*, les *winners*, les *youtubers*, les *staffs*, les *breaks*, les *punchlines*, les *fast food*, les *think tanks*, les *playstations*, les *millenials*, les *digital natives*, les *business angels*, le *soft power*, le *hardcore*, le *reset*, le *process*, le choix du *top-down* ou du *bottom-up*, et l'épanouissement des *start-up nations*, la technique a trouvé l'idiome qui convient au monde par lequel elle remplace le monde : « Il est inutile de déranger Rabelais, Montaigne, Pascal, pour exprimer une certaine conception sommaire de la vie, dont le caractère sommaire fait précisément toute l'efficience[5] », écrivait Bernanos à l'aube de la grande connexion. On ne les a pas dérangés et, dans une publicité pour *smartphones*, le sourire du Réseau répond aux ultimes mauvais coucheurs par cette profession de foi radieuse : *we love technology*. Ce n'est pas l'anglais qui, malgré les apparences, étend ainsi son empire sur les autres langues, c'est le *Gestell* qui met toutes les langues au pas, celle de Shakespeare incluse.

Ce qui subsiste du français dans ce nouvel idiome est une pâte molle que les locuteurs progressistes, impatients d'en finir avec les chicanes, les carcans et les hiérarchies, se donnent désormais le droit de remodeler à leur guise. Aucun scrupule ne les arrête car, en répudiant l'usage et en faisant plier la grammaire, ils ont la certitude d'être, à leur petite échelle, partie prenante de cette grande aventure : l'humanisation définitive du genre humain. Ils exigent la suppression de l'accord du participe passé coupable, selon eux, de renforcer, par sa complexité, les inégalités socioculturelles. Ils entendent purger l'orthographe de son sexisme d'autant plus malfaisant qu'insidieux, et quand l'Académie française dénonce solennellement le « péril mortel » que font courir à la langue les « électeurs.trices », les « député.e.s » et les « étudiant.e.s racisé.e.s » de l'écriture inclusive, leur *task force* médiatique, le parti ouaf-ouaf fait aussitôt feu sur les sociétaires chevrotants de cette citadelle du passéisme : « Le seul péril mortel, à l'Académie, c'est la prostate de ses membres », s'esclaffe à la radio une chroniqueuse en verve. On ne va quand même pas confier le destin du français à une compagnie dont, selon les calculs d'un démographe-statisticien célèbre, la moyenne d'âge est de soixante-dix-huit ans ! La langue doit pouvoir évoluer et s'adapter sans demander l'autorisation à un tribunal de grabataires. Ils veulent, ces vieux barbons acariâtres, que la langue dispose de nous mais nous ne les laisserons pas faire, disent les ricaneurs, car c'est nous qui disposons de la langue. Nous avons trop longtemps vécu sous son joug. Nous devons maintenant en prendre le contrôle et l'inspecter de fond en comble pour la mettre aux normes du monde qui vient. Il nous incombe d'abolir les règles et de rompre avec les mauvaises habitudes qui rendent encore les femmes invisibles. Nous veillons à ce que, dans tous les discours publics, « chacun » soit marqué à la culotte par « chacune ». Jamais le mot « tous » ne sort de notre bouche sans être précédé par le « toutes et » de la lutte contre la domination masculine. Nous rebaptisons « matrimoine » le grand héritage de la nation. Nous incitons à voir et à revoir les films d'Agnès Varda,

« pour lui rendre femmage ». Et nous pouvons être fier.e.s de celles et ceux qui ont déployé dans les rues de Rennes une immense banderole ainsi libellée : « Avortement accessible et gratuit pour tou.te.s[6] ». En manifestant ainsi notre volonté que personne ne soit exclu de rien, nous œuvrons à l'avènement d'une société authentiquement égalitaire.

Lorsque Hélène Carrère d'Encausse et Pierre Nora m'ont sollicité pour l'Académie française, je suis resté pantois. Moi, sous la Coupole ? Je n'avais jamais songé à pareil destin. Et maintenant qu'il se présentait, je n'étais sûr ni de le mériter ni d'en avoir vraiment envie. Je ne pouvais me confronter sans rougir aux grands esprits qui hantent ce lieu, mais je ne courais pas après les honneurs et j'étais marqué par cette phrase inoubliablement cinglante de Bernanos (encore lui) : « Il y a des vérités qu'on ne saurait dire, ni même écrire, en habit de carnaval. » À la fois flatté et embarrassé, j'hésitais, je ne savais pas quoi faire. Je ne me prenais pas assez au sérieux pour répondre positivement à la sollicitation tombée du ciel et je trouvais prétentieux de lui opposer une fin de non-recevoir. Dans ma tête en feu, le oui et le non échangeaient leurs arguments avec une égale véhémence. Il fallait pourtant trancher, j'ai donc cherché conseil auprès de mes proches. Et mon fils a emporté la décision en me disant : « Pense à tes parents et fais-le pour eux. » Bouleversé par cette injonction, j'ai posé ma candidature et j'ai été élu malgré une vive opposition interne. Une phrase de Marcel Pagnol découverte après coup a levé les doutes qui me tenaillaient encore : « C'est un honneur pour moi d'inaugurer une école qui porte mon prénom et le nom de mon père. » Comme on pouvait s'y attendre, le parti ouaf-ouaf a salué cette élection par des gloussements et des sarcasmes. Je n'avais pas fait pour des prunes le procès des aspirations démocratiques : après plusieurs décennies au service exclusif de la réaction, j'étais enfin récompensé, je goûtais le fruit de mes efforts, j'entrais dans le cercle étroit des patriciens des arts et lettres, j'accédais aux tribunes officielles, je devenais un Important, je passais définitivement du côté du manche. Quelle apothéose !

Les dominants du jour ont ceci de singulier qu'ils sont convaincus de combattre les idées dominantes. Ils prennent d'autant plus volontiers le parti de la doxa qu'elle se présente sous les atours romantiques de l'hérésie. Ces « rebellocrates », comme dit Philippe Muray, exercent leur hégémonie en se flattant de narguer l'ordre établi. Ils ne passent rien à la bourgeoisie en oubliant ou en feignant d'oublier qu'elle a passé la main depuis des lustres. Ils attaquent, sabre au clair, un conformisme défunt et ils le remplacent hardiment par une grégarité toute neuve. Ils normalisent les paroles et les idées avec d'autant plus d'empressement qu'ils croient dur comme fer braver la norme et lutter contre les inégalités. Amuseurs, commentateurs ou penseurs, ils prétendent incarner la dissidence alors même qu'ils font la pluie et le beau temps dans la société et ils accusent l'Académie française de dicter sa loi, alors que cette institution est toujours plus décriée, fragile et vulnérable, comme la langue qu'elle refuse, avec une touchante obstination, d'abandonner sans coup férir à la technique. En raison même de cette faiblesse et de cette ténacité, je me sens, malgré mes trop évidentes lacunes, à ma place quai Conti. Je regrette seulement qu'on nous désigne encore sous le nom particulièrement inopportun d'« Immortels ». Si nous sommes là, c'est, pour le dire avec les mots magnifiques de Rainer Maria Rilke, parce que le « périssable nous réclame et a besoin de nous [...], nous périssables plus que tout[7] ».

Mais la moquerie ne fait jamais relâche. J'espère qu'elle ne nous aura pas à l'usure et que nous n'en viendrons pas à laisser tomber le périssable dont nous avons la charge pour entrer dans les bonnes grâces de l'esprit progressiste du temps. Ce serait peine perdue, d'ailleurs. Car nous aurons beau adouber les « sapeuses-pompières » ou les « maîtresses de conférences », et jumeler systématiquement le genre grammatical avec le sexe en rejetant dans les ténèbres de la phallocratie la distinction classique du titre ou de la fonction (avocat, préfet, ambassadeur...) et de la personne, nous serons toujours trop lents, lourds et pusillanimes au gré des nouveaux amis de l'égalité. Malgré nos efforts de rédemption, les humoristes du service public comme l'avant-garde des professeur.e.s de philosophie continueront à trouver risible que nous en fassions si peu, si tard. Au lieu d'intérioriser cette hilarité et de montrer fébrilement patte blanche, nous avons le devoir de secourir la langue que les correctrices et les correcteurs de la parole mettent en péril parce qu'ils (me pardonnera-t-on ce neutre ?) ne savent plus l'entendre et ont oublié de l'aimer.

# VI

# LE SCANDALE

« Il vécut, il travailla, il mourut » : cette phrase, appliquée par Heidegger à Aristote, ne peut, hélas, valoir pour lui. La pensée fut certes l'affaire de sa vie, il s'y consacra sans relâche comme Aristote ou, selon sa propre expression, à la manière du menuisier qui « travaille à un coffre », mais il a quand même trouvé le temps d'adhérer à la révolution national-socialiste. Le philosophe le plus profond de l'époque a cru en Hitler qui n'a pourtant jamais mâché ses mots ni caché son jeu. Il s'est rallié à ce que Hans Jonas, son disciple meurtri, appelait la « marche au pas fracassante des bataillons bruns[1] ». Simple lecteur, j'étais moi-même choqué et consterné, mais j'avais la consolation de ne pas trouver trace dans son œuvre de cet égarement qu'il euphémisait sous le nom de *Grosse Dummheit*. Je scrutais les textes et il ne m'arrivait pas la même chose qu'avec Kant ou Nietzsche par exemple. Je n'étais l'objet d'aucune agression conceptuelle. Heidegger ne me disait pas que les Juifs étaient « le peuple le plus funeste de l'histoire mondiale » ni qu'ils étaient rivés à l'hétéronomie.

J'ai, en revanche, été très touché par ce que j'ai appris de la première rencontre entre Heidegger et Paul Celan, dans la belle biographie de Rüdiger Safranski. Celan donnait une conférence à Fribourg le 24 juillet 1967. Plus de mille personnes assistaient à l'événement. Heidegger, qui était au premier rang, avait fait, dans les jours précédents, le tour des librairies de la ville et avait demandé que les recueils de poèmes de Celan soient bien exposés dans les vitrines. En se promenant dans les rues de Fribourg, le poète vit son livre à toutes les devantures : « Une heure avant la lecture publique, il confia à quelques connaissances, dans le foyer de son hôtel, combien cela lui avait fait plaisir. Heidegger était présent mais il ne dévoila pas le rôle qu'il avait joué[2]. »

À la même époque, Jean-Luc Marion était élève à l'École normale supérieure de Paris. Il y avait un répétiteur pour ceux qui étaient mauvais en allemand. Il donnait des leçons en apprenant « *der, die, das* » aux grands débutants : « Ses cours étaient chahutés au dernier degré » et Marion confesse, avec une sincérité qui l'honore, qu'il participait à la curée[3]. Le répétiteur en question était Celan. Ces jeunes gens triés sur le volet ignoraient tout de son autre activité et Derrida et Althusser, les maîtres déjà prestigieux qui les préparaient au concours de l'agrégation, avaient alors d'autres chats à fouetter que d'attirer leur attention sur l'auteur de ces vers :

*Si venait,*
*si venait un homme,*
*si venait un homme au monde aujourd'hui, avec la barbe*
*de lumière,*
*des patriarches, il pourrait,*
*s'il parlait de ce*
*temps, il*
*pourrait*
*seulement bredouiller, et bredouiller*
*toujours, rebredouiller toujours, jours*[4].

On a glosé sans fin sur la phrase inscrite par Celan dans le livre d'or de Todtnauberg : « Dans le livre de la hutte, avec un regard sur les toiles de la fontaine, avec, au cœur, l'espoir d'une parole à venir[5]. » Cette parole n'est peut-être pas venue mais Celan est retourné à Fribourg et chacun de ses séjours, nous dit Levinas qu'on ne peut pas soupçonner d'indulgence, « altérait profondément[6] » son hôte. Quand la France où vivait le poète depuis 1948 n'avait pas d'oreilles pour son bredouillement, Heidegger était à l'écoute et savait lui rendre hommage. Et les mots qu'il n'a jamais prononcés publiquement car il estimait n'avoir aucun compte à rendre à l'opinion grégaire et versatile, il les avait écrits dans une lettre à Karl Jaspers, le 18 avril 1950 : « D'année en année, à mesure que le malfaisant se découvrait, croissait aussi la honte d'y avoir contribué directement et indirectement[7]. »

J'en étais là de mes réflexions quand sont parus les

premiers volumes des *Cahiers noirs*. Dans ces textes écrits entre 1930 et 1970 et par lesquels Heidegger avait souhaité clore ses monumentales œuvres complètes, la *Weltjudentum* apparaît et ce n'est pas dans un rôle secondaire. Elle ne fait pas de la figuration. Le désastre de la modernité lui est même partiellement imputable puisqu'elle « assume, au niveau de l'histoire mondiale, le déracinement de tout étant hors de l'être[8] ». On pouvait croire qu'une paroi étanche séparait l'ontologie heideggérienne de son funeste engagement. Les choses ne sont plus aussi claires et nous voici sommés de rompre définitivement avec l'arpenteur des chemins qui mènent au pire. Si nous maintenons le lien, nous nous montrerons coupables, affirme Richard Wolin, de « perpétrer la logique de trahison philosophique inaugurée par le maître lui-même ». Emmanuel Faye renchérit : « Aujourd'hui plus que jamais, c'est la tâche de la philosophie que de travailler à protéger l'humanité et à alerter les esprits pour éviter que l'hitlérisme et le nazisme continuent d'essaimer à travers les écrits de Heidegger au risque d'engendrer de nouvelles entreprises de destruction complète de la pensée et d'extermination de l'homme[9]. »

J'ai été frappé en plein cœur par les fragments des *Cahiers noirs* dont j'ai pu prendre connaissance et je ne me lancerai certainement pas dans une exégèse entortillée pour en atténuer le scandale. Je ne chercherai pas à disculper Heidegger en arguant des critiques beaucoup plus nombreuses et virulentes qu'il adresse au catholicisme. Aucun disciple dévot ne réussira à me faire avaler des phrases comme : « Et ce qui est victorieux [...] c'est peut-être bien la plus vaste absence d'ancrage, celle qui n'est liée à rien et qui tire profit de tout (le judaïsme)[10]. » Mais je ne céderai pas pour autant à la mise en demeure des indignés car, s'il y a scandale, c'est précisément parce que l'œuvre est grande, c'est-à-dire éclairante. Heidegger n'a même jamais été aussi présent parmi nous, il nous pense que nous le voulions ou non, son diagnostic trouve chaque jour une confirmation nouvelle et ceux qui fustigent avec le plus d'âpreté sa nostalgie de l'enracinement s'acharnent, en toute ignorance, à lui donner raison. « Nous ne nous accrochons pas plus à un métier qu'à une nation ou à une identité quelconque », écrit le philosophe Pierre Lévy au nom de la nouvelle humanité nomade et planétaire : « Nous mangeons à la table universelle, vanille et kiwi, coriandre et chocolat, cuisine chinoise et cuisine indienne [...]. Nous écoutons la musique de tous les coins du monde : raï, rap, reggae, samba, jazz, pop, sons de l'Afrique et de l'Inde, du Brésil ou des Antilles, musique celtique ou musique arabe, studios de Nashville ou de Bristol[11]... » Dans l'*open society* qui regarde avec une condescendance apitoyée le monde étriqué d'avant, il n'y a pas de place pour le sens de l'indisponible : de tout, on doit pouvoir passer commande. À l'âge du genre, le sexe lui-même tend à devenir optionnel ou, pour le dire dans les termes impeccablement heideggériens de la militante LGBT Beatriz Preciado (devenue depuis Paul B.

Preciado), « synthétique, malléable, variable, susceptible d'être transféré, imité, produit et reproduit techniquement[12] ». Plus de menus imposés, le monde se déguste à la carte. Plus d'appartenance non choisie : au Bon Marché de la diversité, chacun fait son *shopping*. L'époque enchantée donne à cette fête de la consommation le nom glorieux de métissage. Ainsi le *Gestell* règne et tout en couvrant Heidegger d'opprobre, l'antiracisme s'identifie à son déploiement.

Mieux encore : il le judaïse. Les planétaires sont vernis. La philosophie contemporaine les adore. Elle encense leur inappartenance, elle cajole leur cosmopolitisme, elle n'a pas de mots trop élogieux pour les définir. Selon Michel Serres, ce sont des anges qui, dotés du don d'ubiquité, enterrent joyeusement le *Dasein*. Yuri Slezkine les appelle les *mercuriens* (du nom du dieu messager) et leur décerne la plus haute distinction de l'ère post-hitlérienne : « L'Âge moderne, écrit-il, est l'Âge des Juifs et le XX^e^ siècle est le siècle des Juifs. La modernité signifie que chacun d'entre nous devient urbain, mobile, éduqué, professionnellement flexible[13]. » Nous sommes en plein Heidegger : l'esprit juif se confond avec l'esprit de la technique, le déracinement de tout étant hors de l'être est mis sur le compte de la *Weltjudentum*. Mais on ne lui en tient plus rigueur ; au contraire, on lui en sait gré. On ne l'accable plus, on la porte aux nues. On l'admire pour cela même qui la rendait naguère encore menaçante. Son défaut rédhibitoire – l'absence d'ancrage –

devient, à la lumière noire du *Blut und Boden*, son principal titre de gloire. Et ce qui désole aujourd'hui l'opinion éclairée, c'est que les Juifs, par un fatal anachronisme, changent d'orientation et se faussent fidélité à eux-mêmes. Tandis que les *somewhere* se métamorphosent en *anywhere*[14], ils opèrent la mue inverse. Ils étaient de partout, voici qu'ils s'implantent quelque part. Ils troquent à contretemps la légèreté chagallienne pour la pesanteur de l'être-là. Les Juifs, si longtemps libres à l'égard des paysages, découvrent ou redécouvrent les charmes de l'autochtonie. Ces exilés magnifiques tombent dans la superstition du Lieu. Ils font une fixation malvenue « dans un monde acquis au règne universel de Mercure ». Obsédés, qu'ils y vivent ou non, par un petit bout de terre, le cœur battant pour Sion, ils choisissent le moment précis où l'avant-garde goy se fait juive pour, eux-mêmes, cesser de l'être. Ce reniement (ou selon certains, on l'a vu, ce retour aux sources hébraïques) est le crime dont ils doivent maintenant répondre. Ils ne sont plus accusés de trahir l'humanité par la judéité, mais la judéité et l'humanité par l'enracinement. C'est en vertu de leur vocation vagabonde que revient la permission sinon même l'obligation de les haïr. C'est au nom de leur génie diasporique qu'on s'indigne, avec des accents marcionites, de les voir opter pour la défense passionnée d'une patrie charnelle.

Et quand les planétaires, délivrés de tout ancrage, accueillent, à leur descente de bateau, des migrants, c'est-à-dire des êtres définis non plus par leur origine ou leur destination mais par l'errance, et l'errance seulement, ce sont, selon la théorie de Slezkine, des Juifs qui secourent des Juifs. Les bienfaiteurs et leurs obligés ont l'apesanteur en partage. Ils sont, les uns et les autres, *hors-sol*, et ils affirment, chacun à sa manière, la prééminence de la circulation sur l'habitation. Les premiers disent aux seconds : « Bienvenue chez vous ! » Non pas chez nous, chez vous. Vous, nous, c'est pareil. L'un est l'autre. L'hôte ne se distingue plus de l'hôte : tous deux sont des mercuriens, le mouvement est leur condition commune. Sous le regard de la technique, il n'y a pas d'ici, il n'y a pas d'ailleurs, il n'y a pas d'identité, pas de sédentarité, pas de chez-soi qui vaillent, il n'y a plus rien que des stocks et des flux, des brassages et des passages. Les frontières s'effacent, les nations perdent leurs contours, tout bouge, tout se déplace, tout se remplace, rien ne tient bon. Les hommes eux-mêmes sont perçus comme interchangeables et, ironie suprême, on en vient à prendre le triomphe de ce dispositif pour l'accomplissement du Bien.

Cette confusion doit cesser. Je m'y efforce en retirant au processus en cours l'aura judaïque dont le revêtent Heidegger aussi bien que ses détracteurs, eux pour le sanctifier, lui pour le maudire. Mais c'est sans doute peine perdue. Les planétaires ne se laisseront pas aisément déposséder de leur flatteuse image et ils risquent de se raconter longtemps encore que les peuples qui ne veulent pas faire les frais du grand déménagement du monde sont gagnés par le « populisme » et succombent au mal identitaire.

# VII

# *AMOR MUNDI*

Avec quelques privilégiés, le philosophe Jacques Taminiaux assistait en 1973 à un séminaire de Heidegger. La méditation du maître était, nous dit-il, d'une grande intensité : « Elle évoquait des thèmes tels que la Technique, Habiter, la *Gelassenheit*. Les participants – cinq francophones – étaient tous emportés par le "vent de la pensée". Heidegger était en dialogue avec lui-même, devant nous, son regard était ailleurs. Mais soudain, il sortit de sa retraite et revint parmi nous. Et voici ce qu'il dit d'une voix ferme : "Le tourisme devrait être interdit[1]". »

Sur le moment, Taminiaux ne réagit pas. C'est une fois rentré à son hôtel qu'il sentit naître en lui un sentiment de révolte et de colère. Avec cette réflexion, la pensée méditante ne basculait-elle pas dans le « décisionnisme despotique » ? La volonté exorbitante d'interdire une pratique qui se démocratise et qui permet de changer d'air ne révélait-elle pas la persistance ou la résurgence d'un « nationalisme pur et dur[2] » ? Bouleversé, le très heideggérien Taminiaux fit le choix ce jour-là de s'affranchir et de prendre ses distances. S'accordant avec Kant pour dire que le droit de visiter les pays étrangers et d'y séjourner temporairement appartient à tout citoyen du monde, il entama la critique approfondie du philosophe qui l'avait subjugué.

Ce qui définit le tourisme contemporain, c'est bien pourtant l'arraisonnement et l'exploitation du patrimoine naturel et culturel. Tout, pour la technique, est gisement. Le Rhin, fournisseur de pression hydraulique, demeure le fleuve du paysage, « mais comment le demeure-t-il ? Pas autrement que comme un objet pour lequel on passe une commande, l'objet d'une visite organisée par une agence de voyages, laquelle a constitué là-bas une industrie de vacances[3] ». Les plages, les montagnes, aussi bien que les villes, les bourgades, les musées et les monuments deviennent autant de ressources et de produits. Ce traitement les épuise et parfois les défigure. Le village de Saint-Émilion a été, pour son malheur, inscrit au Patrimoine mondial de l'UNESCO. Voici le résultat décrit par l'anthropologue Jean-Paul Loubes : « Les rez-de-chaussée de toutes les rues sont devenus des vitrines des producteurs de vin et des points de vente de tous les produits générés par le tourisme, les savons de luxe, les fabricants d'épées de bois et de tenues médiévales [...], le moindre mètre carré de trottoir, de devant de porte, de courette entre deux maisons est exploité au maximum par une ou plusieurs tables de restaurant. Galerie commerçante géante, étirée au long des ruelles pavées surchargées de touristes de tous pays venus toucher de près le fameux cru bordelais dans son emballage de patrimoine mondial[4]. » D'autres ruelles, celles de Positano, l'un des joyaux de l'autrefois merveilleuse côte amalfitaine, sont envahies par des vacanciers qui se ressemblent : le Même ne cesse de buter sur le Même, des doubles (vous et moi) se croisent, se suivent, s'agglutinent, dans une déambulation dont l'absurdité est encore aggravée par les bibelots et les babioles identiquement kitsch que les boutiques de souvenirs proposent pour pérenniser leur passage. Les îles grecques desservies maintenant par des aéroports crèvent le cœur des amoureux d'Homère et des dieux de l'Hellade. Avec les grands immeubles sans âme qui se dressent tout le long de son bord de mer, la Costa Brava n'est plus désormais qu'une périphérie ensoleillée. L'efficacité des promoteurs a eu raison de la splendeur et de la singularité du lieu. Non moins rationnelles, non moins dynamiques, les stations de sport d'hiver ont transformé les Alpes sublimes en machines à faire dévaler et remonter sans trêve les cohortes compactes des skieurs et des *snowboarders*. Le Nord reste le Nord, et le Sud le Sud. Mais les marques vestimentaires qui s'arrachent à Marrakech triomphent à Saint-Pétersbourg. Ainsi on prend la voiture, le train, l'avion pour s'évader et on y parvient de moins en moins. Où qu'on aille ou presque, le piège se referme. La foule implacable enrégimente même les réfractaires : *nolens volens*, les touristes ne sont plus des visiteurs mais des occupants. Ils traversent les capitales, et notamment Paris, dans d'énormes autocars multicolores qui dégradent le paysage urbain pour mieux l'offrir à leur regard.

De l'Islande à la Thaïlande, en passant par la Croatie, le Yucatán ou la Tanzanie qui, pour des raisons d'attractivité, expulse les Masaï et leurs troupeaux de son grand parc national, on pourrait multiplier les exemples. De plus en plus nombreux sont les sites à éviter sous peine de participer à l'invasion et au saccage. Nous rêvons de jouir de la beauté (et ce rêve est maintenant à la portée de presque toutes les bourses) mais parfois nous ne pouvons maintenir la beauté vivante qu'à condition de *ne pas y aller voir* et souvent, très souvent même, il est trop tard : le mal est fait, la cohue a dévasté ce qu'elle était venue admirer. La ruée vers l'indemne signe évidemment sa fin. Et puis il y a les métropoles chargées d'histoire, comme Budapest, où on ne se rend plus guère pour contempler leurs trésors architecturaux ou pour mieux connaître leurs habitants, mais pour s'éclater, pour faire la fête. Dans ces expéditions d'un nouveau type, l'intensification de la vie prend le pas sur la découverte des choses. La marque de cette intensité, c'est le tapage. Un tapage qui, parce qu'il rapporte gros, ne rencontre aucun obstacle. Logique de la rentabilité oblige, les demandes de silence sont classées sans suite. Prague connaît le même sort : tous les week-ends, dans les plus belles villes d'Europe centrale, les braillards internationaux sont rois. Face à ce vandalisme sonore et aux autres dommages du tourisme contemporain, il me vient parfois l'envie de l'interdire : que chacun reste chez soi, puisque les voyages ne forment plus la jeunesse mais contribuent puissamment à l'uniformisation et à l'enlaidissement du monde ! Que personne ne bouge si les destinations magnifiques doivent suffoquer, les unes après les autres, sous les extases et les rêveries du promeneur innombrable ! Pas plus que Heidegger cependant, je ne crois en cette solution. L'idée brusquement émise au beau milieu d'un monologue philosophique ardu et altier ne doit pas être prise au pied de la lettre. Ce n'est pas une bouffée tyrannique, c'est une boutade désespérée devant l'exigence de produire et de consommer que rien n'arrête, que rien n'apaise et qui s'est emparée des loisirs. Qu'ils soient de gauche ou de droite, ou qu'ils se targuent de dépasser ce vieux clivage, les politiques veulent faire fonctionner la machine au mieux. Obnubilés par cette ambition, qui n'est pas méprisable car elle vise le bien-être de leurs administrés, ils ne se posent plus la question de savoir ce qu'il faut préserver, empêcher, réparer, ou changer pour que le monde soit habitable. Bref, ils font de la politique en oubliant la politique. Leurs doctrines divergent, mais leur programme commun est que *ça marche* et non l'aménagement de notre séjour sur terre.

« Seul un dieu peut nous sauver », a dit un jour Heidegger. J'espère, pour ma part, un réveil et un sursaut humains. J'émets le vœu moins oraculaire mais peut-être tout aussi pieux que la politique, c'est-à-dire, selon la définition de Hannah Arendt, l'*amor mundi*, reprenne ses droits. En attendant cet événement improbable, rien ne m'occupe autant le cœur et l'esprit que la croissante inhabitabilité du monde. Entre la nouvelle fracture sociale et l'empire dévastateur de l'esprit de la technique sur tous les domaines de la réalité, je ne cesse d'en relever les symptômes. Si, malgré la difficulté jamais surmontée, je trouve encore la force d'écrire, c'est sous l'aiguillon de ce tourment.

# ÉPILOGUE

Un mot, pour finir, sur le climat ambiant. L'épreuve totalitaire a inspiré à Hannah Arendt cette idée simple et lumineuse : ce n'est pas l'homme qui habite la Terre, une espèce et ses représentants, ce sont les hommes dans leur diversité infinie. Les totalitarismes n'étaient certes pas des humanismes mais, s'assignant pour mission de *faire l'homme*, ces systèmes politiques considéraient leurs opposants au mieux comme des déchets historiques, au pire comme des contre-hommes.

Après la chute du communisme, j'ai cru, comme beaucoup, que, la division du monde en deux forces antagonistes ayant fait son temps, la conversation civique pouvait reprendre et offrir à chacun la chance d'être dérouté, inquiété, voire instruit par ceux qui ne pensent pas comme lui. J'imaginais qu'avec le goût de la démocratie, nous avions collectivement redécouvert l'exercice de la modestie au sens qu'Albert Camus a su donner à ce terme : « Le démocrate est modeste. Il avoue une certaine part d'ignorance. Il reconnaît le caractère en partie aventureux de son effort et que tout ne lui est pas donné. Et, à partir de cet aveu, il reconnaît qu'il a besoin de consulter les autres, de compléter ce qu'il sait par ce qu'ils savent[1]. »

Je me suis trompé. Je suis allé trop vite en besogne. La réconciliation avec la pluralité humaine n'a pas eu lieu. Et cet échec tient à la démocratie elle-même. Ce régime fondé sur la délibération des citoyens est aussi et contradictoirement un processus d'égalisation des conditions et d'émancipation sans fin des individus. Le processus ne souffre aucune discussion. La marche en avant n'est pas négociable. Elle s'identifie à l'effectuation du Bien et il lui paraît aussi inconcevable de regarder en arrière que de traîner en route. Mépris de l'inertie, haine de la nostalgie, stupeur et dépit qu'il y ait encore des bâtons dans les roues de l'égale liberté : les porte-parole du mouvement démocratique considèrent les récalcitrants non comme des interlocuteurs mais comme des obstacles. Ils n'ont rien à apprendre d'eux, ils ne font aucune place à leurs doléances, ils s'indignent même de les voir encombrer la surface de la Terre après leur date de péremption. « Qu'est-ce que des gens pareils font encore là ? Comment peut-on perdre son temps à argumenter avec eux ? » se demandent-ils, éberlués et scandalisés. Ces démocrates du deuxième type pratiquent sans discontinuer l'exercice de la suffisance. Leurs adversaires sont les représentants déplorables d'un monde condamné ou, pour le dire plus brutalement, des vivants qui ne savent pas qu'ils sont morts. Face aux réactionnaires, aux obscurantistes, aux traditionalistes et à la coalition de toutes les « phobies », il n'y a, en effet, qu'un seul parti de l'homme (ou plutôt de l'être humain, comme on dit aujourd'hui pour ne froisser personne). Le totalitarisme a été vaincu mais le sens reste accaparé par le sens de l'Histoire.

Lessing, un des auteurs du panthéon arendtien, a écrit : « Je trouve un peu excessive l'aversion du public actuel pour tout ce qui s'appelle polémique ou paraît l'être. On semble oublier combien de questions importantes n'ont pu être éclaircies que grâce aux contradicteurs et que les hommes ne seraient d'accord sur quoi que ce soit s'ils ne s'étaient querellés sur rien. » Ce qui caractérise notre temps, ce n'est pas l'évitement irénique ou apeuré des querelles, c'est leur remplacement par la pratique féroce de l'excommunication. Et le résultat est le même : avec le pilori en guise de polémique, l'aversion et l'oubli qui désolaient Lessing sont plus que jamais d'actualité. Au lieu que se déploient et que s'affrontent différentes versions de l'amour du monde, les émissaires de l'humanité accomplie s'arrogent, en toute bonne conscience, le monopole de la parole légitime. Au nom même de l'exigence démocratique et de l'ouverture à l'Autre, ils entendent régner sur la cité sans vis-à-vis, sans interlocuteurs. Ils n'y parviennent pas bien sûr, mais le climat est lourd, tendu, oppressant, et il asphyxie, au moment où on en aurait le plus besoin, la vie intellectuelle.

# NOTES

## *I. Le pathétique de l'amour*

1. Alain Finkielkraut, « Bêtises de Rousseau », *Critique*, novembre 1974.

2. Annie Ernaux, *Les Années*, Gallimard, 2008, p. 110.

3. Emmanuel Levinas, *Totalité et infini*, La Haye, Martinus Nijhoff, 1971, p. 235.

4. *Ibid.*

5. *Ibid.*, p. 237.

6. E. Levinas, *Le Temps et l'Autre*, PUF, 1983, p. 78.

7. Jean-Jacques Rousseau, *Lettre à D'Alembert sur les spectacles*, GF Flammarion, 2003, p. 182.

## *II. L'interminable question juive*

1. Jean-Paul Sartre, *Réflexions sur la question juive*, Gallimard, « Folio », 1986, p. 109.

2. Philip Roth, *L'Écrivain fantôme* in *Zuckerman enchaîné*, Gallimard, « Folio », 2010, p. 101.

3. Cité dans Valérie Igounet, *Histoire du négationnisme en France*, Éd. du Seuil, 2000, p. 295.

4. Cités dans Jean-Denis Bredin, *L'Affaire*, Fayard/Julliard, 1993, p. 14.

5. Cité dans V. Igounet, *Histoire du négationnisme en France*, *op. cit.*, p. 290.

6. Noam Chomsky, préface à Robert Faurisson, *Mémoire en défense contre ceux qui m'accusent de falsifier l'histoire, la question des chambres à gaz*, La Vieille Taupe, 1980, p. 6.

7. Jean-Luc Godard cité dans Alain Fleischer, *Courts-circuits*, Le Cherche Midi, 2009, p. 289.

8. Luis Sepúlveda, *Une sale histoire*, Métaillé, 2005, p. 44.

9. José Saramago, cité dans Pierre-André Taguieff, *La Nouvelle Propagande anti-juive*, PUF, 2010, p. 49.

10. Houria Bouteldja, *Les Blancs, les Juifs et nous. Vers une politique de l'amour révolutionnaire*, La Fabrique Éditions, 2016, p. 17-18.

11. Aharon Appelfeld, *L'Héritage nu*, Éd. de l'Olivier, 2006, p. 84.

12. Paul, *Lettres aux Éphésiens*, Éditions lyonnaises d'art et histoire, 1989, p. 121.

13. Voir Adolf Von Harnack, *Marcion, l'Évangile du dieu étranger*, Éd. du Cerf, 2003, p. 113.

14. Alain Badiou, Éric Hazan, *L'Antisémitisme partout, aujourd'hui en France*, La Fabrique Éditions, 2011, p. 18.

15. Cité dans Douglas Murray, *L'Étrange Suicide de l'Europe. Immigration, identité, islam*, L'Artilleur, 2018, p. 276.

16. Maurice Blanchot, *L'Écriture du désastre*, Gallimard, 1980, p. 131.

17. Gilles Deleuze, « Grandeur de Yasser Arafat », in *Deux régimes de fous*, Éd. de Minuit, 2003, p. 223.

18. Monique Chemillier-Gendreau, in *Le Droit au retour. Le problème des réfugiés palestiniens*, Actes Sud, 2002, p. 394.

19. Danièle Sallenave, *Dieu.com*, Gallimard, 2004.

20. John J. Mearsheimer et Stephen M. Walt, *Le Lobby pro-israélien et la politique étrangère américaine*, La Découverte, 2007, p. 100.

21. Jean Soler, *La Violence monothéiste*, Éd. de Fallois, 2008, p. 386.

22. Voir Louis Sala-Molins, *Le Code noir ou le calvaire de Canaan*

(PUF, 1998), et surtout *Le Livre rouge de Yahvé* (La Dispute, 2004) : cette réécriture haineuse du Pentateuque fait tenir à Moïse les propos suivants : « Les villes de ces peuples que Dieu te donne en héritage, tu n'en laisseras rien subsister de vivant. Tu en extermineras tous les habitants. C'est l'anathème, c'est le génocide, les mots changent, pas la chose, tu ne peux pas te tromper : c'est "tu existes, tu as tort, je te tue" » (p. 222). La Dispute est, je le précise, un éditeur d'extrême gauche.

23. Voir Gianni Vattimo, « How to become an Anti-Zionist », *in* Gianni Vattimo et Michael Marder (dir.), *Deconstructing Zionism*, Bloomsbury Academic, 2014.

24. Wladimir Rabinovitch, dit Rabi, cité dans Renée Poznanski, *Propagande et persécutions, la Résistance et le « problème juif » 1940-1945*, Fayard, 2008, p. 584.

25. J. L. Talmon, « La patrie en danger. Lettre ouverte à Menahem Begin », *Le Débat*, n° 11, 1981, p. 58.

*III. Rencontres*

1. Michel Foucault, *Surveiller et punir*, Gallimard, 1975, p. 315.

2. M. Foucault, « Bio-histoire et bio-politique », in *Dits et écrits*, III, Gallimard, 1994, p. 96.

3. M. Foucault, « Les "reportages d'idées" », in *ibid.*, p. 707.

4. Milan Kundera cité dans Jacques Rupnik, *L'Autre Europe, Crise et fin du communisme*, Odile Jacob, 1990, p. 257.

5. M. Kundera, *Le Livre du rire et de l'oubli*, Gallimard, « Folio », 2002, p. 36.

6. M. Proust, cité dans Vincent Descombes, *Proust, philosophe du roman*, Éd. de Minuit, 1987, p. 30.

7. M. Foucault, *Les Mots et les choses*, Gallimard, 1966, p. 73.

8. G. Flaubert, cité dans M. Kundera, *Le Rideau*, Gallimard, 2005, p. 76.

9. M. Proust, cité dans *Ibid.*, p. 114.

10. Marc Fumaroli, « Pour les humanités », in *Partis pris. Littérature, esthétique, politique*, Robert Laffont, « Bouquins », 2019, p. 660.

11. Joseph Conrad, *Le Nègre du « Narcisse »*, Gallimard, « L'Imaginaire », 1982, p. 11.

*IV. À la recherche du temps présent*

1. M. Kundera, « Un Occident kidnappé, la tragédie de l'Europe centrale », *Le Débat*, n° 27, 1983, p. 3.

2. Pierre Manent, *La Raison des nations. Réflexions sur la démocratie en Europe*, Gallimard, 2006, p. 42.

3. Élisabeth Badinter *in* Georges Bensoussan (dir.), *Une France soumise. Les voix du refus*, Albin Michel, 2017, p. 13.

4. Charles Péguy, « Par ce demi-clair matin », in *Œuvres en prose*, t. II, Gallimard, « Bibliothèque de la Pléiade », 1987, p. 96.

5. Ch. Péguy, *Notre Patrie*, in *Œuvres en prose*, II, *op. cit.*, p. 61.

6. Maurice Barrès, cité dans Zeev Sternhell, *Maurice Barrès et le nationalisme français*, Éditions Complexes, 1985, p. 259 et 260.

7. Antoine de Saint-Exupéry, *Lettres non envoyées destinées au Général X. Écrits de guerre, 1939-1944*, Gallimard, « Folio », 1994, p. 282.

8. Gershom Scholem, « Juifs et Allemands », in *Fidélité et utopie*, Calmann-Lévy, 1978, p. 95.

9. Ch. Péguy, *L'Argent*, in *Œuvres en prose*, t. III, Gallimard, « Bibliothèque de la Pléiade », 1992, p. 817.

10. M. Kundera, « Un Occident kidnappé », art. cité, p. 22.

11. *Ibid.*, p. 17.

12. Pierre Bourdieu et Jean-Claude Passeron, *La Reproduction. Éléments pour une théorie du système d'enseignement*, Éd. de Minuit, p. 19.

13. Friedrich Nietzsche, *Ainsi parlait Zarathoustra*, in *Œuvres II*, Robert Laffont, « Bouquins », 1993, p. 359.

14. Jean Dubuffet, *Asphyxiante culture*, Éd. de Minuit, 1986, p. 115, 116 et 66.

15. Georges Bernanos, *Les Enfants humiliés*, Gallimard, 1949, renouvelé en 1976, p. 95.

16. Nicolas Offenstadt, *Libération*, 16 octobre 2015.

17. Thierry Tuot, « La grande nation pour une société inclusive », Rapport au Premier ministre sur la refondation des politiques d'intégration, 1er février 2013. Cinq groupes de travail ont été mis à contribution pour élaborer ce rapport.

18. Alain Badiou, « Sinistre comédie d'un raciste habillé en antiraciste », *Le Média*, 20 février 2019.

19. Léon Werth, *Déposition, Journal, 1940-1944*, Viviane Hamy, 1992, p. 65.

*V. Le choc Heidegger*

1. Voir E. Levinas, *Le Temps et l'Autre*, *op. cit.*, p. 12.

2. Martin Heidegger, cité dans Étienne Ganty, *Penser la modernité. Essai sur Heidegger, Habermas et Éric Weil*, Presses universitaires de Namur, 1997, p. 349.

3. M. Heidegger, « La question de la technique », in *Essais et conférences*, Gallimard, « Tel », 1980, p. 22.

4. *Correspondance de Martin Heidegger avec Elisabeth Blochmann*, Gallimard, « Bibliothèque de philosophie », 1996, p. 325.

5. G. Bernanos, *La France contre les robots*, in *Scandale de la vérité. Essais, pamphlets, articles et témoignages*, Robert Laffont, « Bouquins », 2019, p. 1091.

6. Voir Jean-Claude Michéa, *Le Loup dans la bergerie*, Climats, 2018, p. 88.

7. Rainer Maria Rilke, « Neuvième élégie de Duino », in *Œuvres 2, Poésie*, Éd. du Seuil, 1972, p. 337.

*VI. Le scandale*

1. Hans Jonas, *Souvenirs*, Rivages, 2005, p. 225-226.

2. Rüdiger Safranski, *Heidegger et son temps*, Le Livre de Poche, 1996, p. 593.

3. Jean-Luc Marion, *La Rigueur des choses. Entretiens avec Dan Arbib*, Flammarion, 2012, p. 38.

4. Paul Celan, « Tübingen Janvier », in *Anthologie bilingue de la*

*poésie allemande*, Gallimard, « Bibliothèque de la Pléiade », 1993, p. 1191.

5. Cité dans R. Safranski, *Heidegger et son temps*, *op. cit.*, p. 594.

6. E. Levinas, « Paul Celan », in *Noms propres*, Fata Morgana, 1976, p. 187.

7. *Correspondance de Martin Heidegger avec Karl Jaspers*, Gallimard, « Bibliothèque de philosophie », 1996, p. 183.

8. Cité dans Peter Trawny, *Heidegger et l'antisémitisme. Sur les « Cahiers noirs »*, Éd. du Seuil, 2014, p. 53.

9. Emmanuel Faye, *Heidegger, l'introduction du nazisme en philosophie*, Albin Michel, 2005, p. 518.

10. M. Heidegger, *Réflexions VII-XI. Cahiers noirs (1938-1939)*, Gallimard, « Bibliothèque de philosophie », 2018.

11. Pierre Lévy, *World philosophie*, Odile Jacob, 2000, p. 15-16.

12. Beatriz Preciado, *Testo Junkie. Sexe, drogue et biopolitique*, Grasset, 2008, p. 93-94.

13. Yuri Slezkine, *Le Siècle juif*, La Découverte, 2009, p. 7.

14. Voir David Goodhart, *The Road to Somewhere, The New Tribes Shaping British Politics*, Penguin Books, 2017.

## *VII.* Amor mundi

1. Jacques Taminiaux, *La Fille de Thrace et le penseur professionnel. Arendt et Heidegger*, Payot, 1992, p. 37.

2. *Ibid.*

3. M. Heidegger, « La question de la technique », in *Essais et conférences*, *op. cit.*, p. 22.

4. Jean-Paul Loubes, *Tourisme, arme de destruction massive*, Éditions du Sextan, 2015, p. 42.

## *Épilogue*

1. Albert Camus, *Réflexions sur une démocratie sans catéchisme*, *Œuvres complètes*, t. II, Gallimard, « Bibliothèque de la Pléiade », 2006, p. 717.

*Œuvres d'Alain Finkielkraut (suite)*

L'HUMANITÉ PERDUE. Essai sur le xx^e siècle, *Seuil*, 1996

INTERNET, L'INQUIÉTANTE EXTASE, avec Paul Soriano, *Les Mille et Une Nuits*, 2001

LES BATTEMENTS DU MONDE. Dialogue, avec Peter Sloterdijk, *Hachette Littératures*, 2005

NOUS AUTRES, MODERNES, *Ellipses*, 2005 ; rééd. Gallimard, « Folio essais », 2008

LE LIVRE ET LES LIVRES. Entretiens sur la laïcité avec Benny Lévy, *Verdier*, 2006

CE QUE PEUT LA LITTÉRATURE (dir.), *Stock/Panama*, 2006 ; rééd. Gallimard, « Folio », 2008

QU'EST-CE QUE LA FRANCE ? (dir.), *Stock/Panama*, 2007 ; rééd. Gallimard, « Folio », 2008

LA QUERELLE DE L'ÉCOLE (dir.), *Stock*, 2007 ; rééd. Gallimard, « Folio », 2009

LA DISCORDE, dialogue avec Rony Brauman mené par Élisabeth Lévy, *Flammarion*, 2008

PHILOSOPHIE ET MODERNITÉ, *École Polytechnique*, 2008

UN CŒUR INTELLIGENT, *Stock/Flammarion*, 2009 ; rééd. Gallimard, « Folio », 2010

L'INTERMINABLE ÉCRITURE DE L'EXTERMINATION (dir.), *Stock*, 2010 ; rééd. Gallimard, « Folio », 2012

L'EXPLICATION, débat avec Alain Badiou mené par Aude Lancelin, *Nouvelles Éditions Lignes*, 2010

ET SI L'AMOUR DURAIT, *Stock*, 2011 ; rééd. Gallimard, « Folio », 2013

L'IDENTITÉ MALHEUREUSE, *Stock*, 2013 ; rééd. Gallimard, « Folio », 2015

LA SEULE EXACTITUDE, *Stock*, 2015 ; rééd. Gallimard, « Folio », édition augmentée, 2016

EN TERRAIN MINÉ, correspondance avec Élisabeth de Fontenay, *Stock*, 2017 ; rééd. Gallimard, « Folio », 6681

DES ANIMAUX ET DES HOMMES (dir.), *Stock*, 2018

*Composition : IGS-CP à L'Isle-d'Espagnac (16)*
*Achevé d'imprimer*
*par Normandie Roto Impression s.a.s.*
*61250 Lonrai, en août 2019*
*Dépôt légal : août 2019*
*Numéro d'imprimeur : 1903057*

ISBN : 978-2-07-285319-7/Imprimé en France

354476